日本人の心

［増補新装版］

相良 亨 Sagara Toru
［著］

東京大学出版会

THE PSYCHOLOGY OF THE JAPANESE
[Expanded Revised Edition]
Toru SAGARA
University of Tokyo Press, 2009
ISBN978-4-13-013090-5

新しい読者のために――「きびしさ」と「さびしさ」

苅部　直

この本の著者である相良亨が、作家、三島由紀夫と語った対談がある。行なわれたのは一九六八（昭和四十三）年十一月。相良の編集による、『日本の思想9　甲陽軍鑑《こうようぐんかん》・五輪書《ごりんのしょ》・葉隠集《はがくれしゅう》』（筑摩書房、一九六九年）の別冊付録として収められている。

題して「『葉隠』の魅力」。三島が前年に『葉隠入門――武士道は生きている』を上梓したことから、対談相手に選んだのだろう。この年、三島は政治実践への宣言文ともとれる「文化防衛論」を『中央公論』七月号に寄せており、私設の防衛組織「楯の会」の結成を公表したのち、三週間後に交わされた対話である。その緊張感のせいか、昂揚した口調で長々としゃべり続ける三島に対し、相良が応答をはさみ話題をきりかえる形で、話が進んでいる。

ここでの三島の関心は、やはり行動へむけての決断と覚悟に集中しているようである。『葉隠』に見える「勝負の構え」――本書の第二章でも「閑《しず》かな強み」として描かれているもの――について、「なにかお感じになりませんか」と問いかけた相良に対し、三島は答えない。代わりに、「図にはずれて死にたらば、犬死《いぬじに》・気違《きちがひ》なり。恥にはならず」（『葉隠』聞書《ききがき》第一ノ二）という言葉から、語り手である山本常朝《じょうちょう》の「間違って生きちゃった」という自省を読みとるのである。間違って生きたあとの醜さに比べれば、「犬死」は「あまり格好よくないけれども、まだましだ」。そう説いたあと、この心がまえは「今度の戦争」で生き残った者の思いに通じると三島は話を続ける。

> ある瞬間に、どこか戦地で、これは死んでもいいんだけれども助かるかもしれんというときに、なんかの判断をしたかもしれないですね。ひとりひとりの心の中にあることです。それが、別に人を犠牲にしたわけではないし、卑怯な振舞をしたわけでもないのですが、生き延びちゃった人が、ずいぶんいると思うのです。

二年後に、世間からはまさしく「犬死」と見られかねない直接行動へ、三島がまっしぐらに進んだことと、この言葉を重ねあわせるのは、安易にすぎる読み方かもしれない。しかし、「勝負の構え」に対する相良の関心は、みずからの独立を尊ぶとともに、他者を対等の相手として敬う、武士の「対峙的人倫観」（本書第二章）に向いていたはずである。三島はその問いかけに答えず、「間違って生きた」自分をふりすて、ただひたすら、主君への忠義のため戦闘に向かう心情に、共感し没入しようとする。

この三島の述懐に対する相良の返答は、「『葉隠』はきびしいですね。このきびしさの底に人間に対する不信感があるのじゃないかと思いますが」というものであった。これに三島が「ええ、ええ、そうですね」と答えたあと、会話は別の話題に移り、「きびしさ」についての議論は展開されずに終わっている。本書に見える、武士の思想に関する相良の見解からすれば、「人間に対する不信感」とは、武士たちが、みずからの心にひそむ臆病さを警戒し、そうした不安がきざさないような「己れの確立」を求めた、「精神的緊張」を言いかえたものと、ひとまずは理解できるだろう。だが、そのことを示唆しただけなのだろうか。

相良亨は、一九二一（大正十）年、金沢に生まれ、八年後、旧制高校の教授であった父の配置換とともに転居し、水戸で成長した。大学卒業は三島よりも三年早く、一九四四（昭和十九）年九月のことである。戦時中の経歴についてはつまびらかにしないが、まさしく学徒出陣の世代に属していた。幾人もの同窓生が大学から戦場に向かう姿を見つめ、彼らの死をうけとめたのちに、学究生活に入っている。（大学院特別研究生となったのは、終戦直後、一九四五年十月。）その思いは、医師の誤診で徴兵検査を免れ、工場に動員される高校生であった三島が説くような、壮烈な戦死と卑怯な生き残りとの、単純な二分法で割り切れるものではなかっただろう。

ほぼ同年輩の日本思想史研究者である源了圓は、相良の逝去にあたっての追悼文のなかで、その人柄について「古武士の面影を残す」と評した。旧制第四高校と水戸高校で修身を教えていた、父、相良益次郎（一八七二〜一九三八）から漢籍の素読を受けて育ったと伝えてもいる（朝日新聞東京版、二〇〇〇年十月二十三日夕刊）。もとは佐賀県の士族という出自や、通っていた旧制水戸中学校の校訓が「至誠一貫」であったことも、後年の『葉隠』——山本常朝は佐賀藩に仕えていた——と「誠」の倫理への関心を、深いところで準備したことだろう。この世代の知識人としては珍しく、伝統文化の空気に親しみながら成長したことがうかがえる。

相良が東京帝国大学文学部倫理学科で教えを受けた師は、和辻哲郎であり、次いで西洋倫理思想史の金子武蔵《たけぞう》と、日本倫理思想史の「先輩」と記す古川哲史《てつし》であった。大学で学んでいたのは、和辻が倫理学概論と日本倫理思想史の講義を行ない、雑誌『思想』や『岩波講座　倫理学』に、日本の倫理思想をめぐる論文を次々に発表していた時期にあたる。卒業論文の主題に熊澤蕃山《くまざわばんざん》の儒学思想を選び、それ以後、日本倫理思想史の研究の道を歩むことになったのは、和辻の思想史家としての多産期にめぐりあったせいもあるだろう。だが、日本の伝統思想への関心は、師とは独立に、相良自身の経歴からまっすぐに発したところが、おそらく大きい。むしろ、漢籍の素読など経験していない和辻よりも、その根本の素養は深かったとさえ言えるのではないか。

やがて相良は、茨城大学文理学部で十四年間教鞭をとったのち、一九六五（昭和四十）年、東京大学文学部に転任し、和辻、古川の後継者として日本倫理思想史の講座をうけもつことになる。『日本人の心』は、東大を停年で退官し共立女子大学文芸学部に移った二年後、一九八四（昭和五十九）年に、東京大学出版会「UP選書」の一冊として刊行された。大学卒業ののち四十年にわたる研究の蓄積から、その中心となる要素をまとめた、中間決算の書と呼んでよいだろう。相良自身は、この著書についてこう語っている。「伝統的倫理思想の特色を八つのテーマに分けて述べ、全体像がその相互の連関の中に浮び上がることを求めた」。そしてその中でも、「ひたすらなる心情の純粋性の重視の傾向」と、「おのずから（自然）という形而上学的思惟」とが、二本の柱になっているという（『相良亨著作集』第五巻「著者付記」、ぺりかん社、一九九二年）。

「日本人の心」という表題から、日本人の温和さや勤勉さを礼賛した文化論を想像してしまう読者も、いるかもしれない。だが、伝統思想をめぐる相良の姿勢が、そのような甘いものでないことは、本書を一読すれば明らかであろう。過去の時代のテクストを厳密に読みとき、あたかも前近代日本の思想家と対話するかのようにしながら、みずからの思考を問いなおす営み。相良によれば、倫理思想史の研究は、このような回路を介したうえで、普遍的な倫理の追求へとつながってゆくものであった。

このように普遍的な真実は、まず自己自身との対決をふまえて、自己をこえるものとして追究されなくてはならない。無国籍の思索は死んでいる。やがて霧散する虚飾にすぎない。私はまずこのような観点から日本倫理思想史研究への関心を位置づけている。それは、外国人が日本の思想を問題にするのとは意味がちがう。われわれにとっては自己自身との対決である。(「日本倫理思想史研究の意義」一九七三年初出、前掲『相良亨著作集』第五巻所収)

自己自身との対決。先に引いた対談で三島由紀夫に欠けているものは、この対決にむけた真摯さであろう。対決の姿勢が、日本の特殊な伝統の理解を通じて、普遍的な倫理の発見を見とおすものであることは、このたびの増補新装版で追加収録した「日本における道徳理論」(一九六八年初出)をあわせ読むことで、より明確に見えてくる。『日本人の心』に述べられた伝統の諸要素が、近代の思想においてどのように生き続けたか。そして、その伝統の克服をめざした試みとしての、和辻哲郎の倫理学の意義。和辻に対する相良の評価は、『日本人の心』の第四章からもうかがえるが、「道徳理論」論文ではさらに詳しく述べられている。

しかし、和辻の思想とのかかわりをめぐっては、気になることがある。相良の晩年の思索を記したメモが、没後、『季刊 日本思想史』誌上の追悼特集(第五十七号、二〇〇〇年十二月)に掲載されているが、その一節にはこうある。「和辻倫理学において人間存在は、基本的に間柄存在としての人間において設定されているが、私はそれを、(「何処より来たりて何処へ去る」を問う主体としての)実存自体に設定したい」。人間のありようの本質を、和辻のように、個人と個人とがとりむすぶ関係の網の目に求めるのではなく、生死と運命を問う個人の実存に見いだし、そこから人間の理解をくみたてなおすこと。相良がたどり着いたのは、師とは異なるそうした境地であった。

このことを念頭において『日本人の心』を読み返すと、この「実存」のありようをめぐる考察が、随所にちりばめられていることに気づく。たとえば冒頭、第一章に登場する、西行《さいぎょう》ら「世捨て人」たちの、「背中合わせの暖」の逸話。冷えびえとした秋の一日、草庵で男たちが、背中合わせに座って暖をとりながら連歌を詠んでいる。それぞれの心は浄土に向いていて、たがいの視線を交わすことはない。それでも背中合わせになることで、ともに人生の肌寒さをしのごうとしている。

ここにはさびしさに耐えがたい人たちの心と心のかよいが感じられる。背中合わせに連歌をする姿は、そのさびしさを分かちあい温めあう姿とも受けとれる。一夜が明けると、人々は、再び会うことがないかもしれない別れを名残りおしく別れている。友とふれあう時にも、それぞれが嚙みしめているわが身のはかなさは消しがたく底にある。だから、それだけ同行の友とのふれあいはあわれであったのである。

おのおのが、心の深いところに「さびしさ」を抱え、はるかな浄土を求めながら、おたがいのはかなさを嚙みしめることで生じている、ひそやかなつながり。そうした「ふれあい」の歓びと哀しみとをしみじみと味わうことで、一つの「交わり」が生まれ、そこに身を置いているときは、はかない時間とは言え、救いを得ることができる。このような孤絶を通じての共感のありようを、そしてその体験を通じて現実を超えたものへ結ばれる道を、『葉隠』について「きびしさ」を指摘したさいにも、相良は見とおしていたのではないだろうか。それは、武士の倫理の「きびしさ」を示すだけでなく、現代において伝統思想を理解する営みがもつ、「きびしさ」と「さびしさ」でもあった。

（かるべ・ただし　東京大学教授・日本政治思想史）

まえがき

われわれは、われわれが日常の生活の中で、人生やこの宇宙について、ふと感ずること、思うことが、どれだけの奥ゆきをもち、伝統の深さにつながるかということを、ほとんど知らない。まして、「日本人の心」の全体像になると、その輪郭すらおぼろげである。

われわれに今求められているのは、自分が、現に感じていることを、あるいは無意識に心の底で思っていることを、ありのままに見つめ、これを伝統とのかかわりにおいて理解し、自らのうちにある可能性を追うことである。

本書は、「日本人の心」の豊かな襞《ひだ》を、私の及ぶ限りにおいて追ったものである。八章に分け、八つのテーマを立てて考えたが、それらは相互に連関するものであって、相互の連関の中に浮び上ってくる全体に、改めてそれぞれは位置づけられなくてはならない。

できるだけ読みやすく書くことに努めたが、なにぶん、とり扱うものが「心」であるので、この点はいささか不安である。なお、細部にわたる論証はさしひかえた。その代わりに、各章の末に参考文献をあげておいた。

（昭和五十九年八月）

目次

日本人の心

［増補新装版］

一章　交わりの心

ただ人は情あれ　朝顔の花の上なる　露の世に

——『閑吟集』

日本人に、人と人との関係を重視する傾向があることは、すでに多くの人々によって指摘されてきた。例えば、日本語の文章では、主語がしばしば省略され、その代わりに敬語など相互の関係を示す言葉が極度に発達してきた、というのもその一つである。聖徳太子《しょうとくたいし》（五七四―六二二）作と伝えられる『十七条憲法』の「和を以て貴《とうと》しとなす」という和の強調も、大陸の思想の日本的な受けとめ方の基本的な傾向を示すものである。あるいは、複数の人間の相互の共同によって創作する連歌や茶道といった特異な芸術が生まれたのも、この傾向のあらわれであるといえよう。ここでは、そのような日本人の重視する人と人との交《まじ》わり（communication）の質を考える。交わりそのものが日本人にとって、どのような意味をもって理解されていたかを考えてみたい。

ところで、聖徳太子以来、日本人の心を久しく養ってきた仏教は、ごく一般的にいえば出家を説く教えであり、人倫の交わりを絶ち、その外に出ることを教えるものである。この点からいえば、仏教は人間関係を積極的に意味づけるものではなく、むしろ否定するものである。中世には、出家にとどまらず、出家よりのさらなる出家ともいうべき隠遁を願望する者もあらわれ、「一生はただ生をいとへ」「死をいそぐ心ばへは、後世の第一のたすけにてあるなり」などという言葉が見える。「つねに蹲居《そんご》し玉《たま》ふ」、つまり、つねに中腰にうずくまる上人もあった。人がその理由をきくと、「三界六道には、心やすくしり(尻)さしすへて、ゐるべき所なきゆへ也」と答えたという(『一言芳談《いちごんほうだん》』)。厭《おん》離穢土《りえど》、欣求浄土《ごんぐじょうど》の一つの徹底した姿である。

出家・隠遁の標榜は、このような、ただ生を厭《いと》い、死をいそぐ思想を生んだ。人と人との関係は、ここでは徹底して捨て去られている。仏教には、それをある観点に立って押しつめてゆけば、このような考え方になる可能性も確かにはらまれている。ここまで徹底することはなくても、中世の人人は仏教的教養のもとにおいて、何ほどかの厭離穢土、欣求浄土の心をもっていた。このような中世の人々が、人と人とのかかわりをどのように捉えていたかということがまず問題である。ここでは、その一つのあり方として西行《さいぎょう》(一一一八―九〇)をとり上げてみる。

背中合わせの暖

西行が、世をはかなみ、あくがれ求めて出家し、花を歌い月を歌い彼岸《ひがん》を求めつづけた人物であることは周知のところであるが、彼には「同行《どうぎょう》」として、ともに世をはかなみ、道を求める友があった。

ある時、西行と西住・寂然《じゃくねん》・静空《じょうくう》・寂昭といった同行の世捨て人が、とある草庵に集まり連歌をたのしんだことがある。その雰囲気を西行の『聞書残集《ききがきざんしゅう》』が伝えている。まず、

秋のことにて肌寒かりければ、（中略）背中を合せてゐて、連歌にしけり

思ふにもうしろあはせになりにけり

この連歌、他人《ことひと》付くべからずと申しければ

うらがへりたる人の心は

秋の肌寒さを同行の者たちが背中合わせになって温めている。奇妙な図である。連歌の意味は、思い合っている間でも背中合わせになってしまったね、なにぶん、ひっくり返ってしまった人の心だから、というようなものであろう。連歌はその場の雰囲気を捉えたものである。彼らは思い合う仲間であるが、それぞれの心は世捨て人として世の人のようにまとまもではない。だから顔と顔とを向き合わせずに背中合わせになっているというのである。人はそれぞれの心をもつ。人々の心はそれぞれ浄土に向いている。しかしここにいるのは互いに思い合うがゆえであって、背中合わせがこの人々が互いに思い合う仕方であったのである。人々はそれぞれ人生の肌寒さを心に抱いている。その肌寒さをしばし、背中合わせになって、温めあい、しのいでいるのである。

彼らは連歌をたのしみながらも、さまざまな思いを語りあった。

後世《ごせ》のものがたりおの〳〵申しけるに、人なみ〳〵にそのみちにはいり

ながら、おもふやうならぬよし申して　　静空

人まねのくまのまうで《(熊野詣)》のわがみかな

と申しけるに

そり《(剃)》(僧侶)といはるるな《(名)》ばかりはして

彼らは、後世を語り、道を求めることの難しさをも己れのいたらなさをも語った。また、

あめのふりければ、ひがさ《(檜笠)》、みのをきてまできたりけるをかうらん《(高欄)》にかけたりけるをみて　　西住

ひがさきる　みのありさまぞあはれなる

むごに人つけざりければ、けうなく覚えて

あめしづくともなき《(泣)》ぬばかりに

と、彼らは、世捨て人としての己れの境涯を、自らあわれと見、これに涙した。やがて、夜が明けて、それぞれは、それぞれの山寺に帰っていったが、その時、寂然が「後会いつとしらず」という題を出して、

かへり行くも　とどまる人も　おもふらむ　又あふことのさだめなのよや

と詠んだという。

以上は、『聞書残集』が伝える世捨て人たちの一夜のつどいの様である。ここにはさびしさに耐

えがたい人たちの心と心のかよいが感じられる。背中合わせに連歌をする姿は、そのさびしさを分かちあい温めあう姿とも受けとれる。一夜が明けると、人々は、再び会うことがないかもしれない別れを名残《なご》りおしく別れている。友とふれあう時にも、それぞれが嚙みしめているわが身のはかなさは消しがたく底にある。だから、それだけ同行の友とのふれあいはあわれであったのである。西行が『山家集《さんかしゅう》』に同行という時、それはこの一夜をも共にした西住であったという。西行にとって、最もその悲しみを分かちあい、その意味で温めあう友であったのである。

その西住が死んだ時、西行は次のような歌をよんだ。

同行に侍《はべ》りける上人、例ならぬこと大事侍りけるに、月の明かくてあはれなりければ、詠《よ》みける

もろともに　眺め眺めて　秋の月　ひとりにならん　ことぞ悲しき　（『山家集』）

同行の死は、世捨て人の西行にも「ひとりにならんことぞ悲しき」ものであった。

西行は、花につけ月につけ、人を思っていた。高野にいた西行は、大原にいた同行寂然に、

山深み　さこそあらめと　聞えつつ　音あはれなる　谷の川水

とおくり、寂然もまた、

あはれさは　かうやと君も　思ひやれ　秋暮れがたの　大原の里

と返している。離れていても、お互いのあわれさを、月につけ花につけ思い合う交わりがここにあ

った。だから西行はまた、月につけ花につけ、訪れてくる人を待った。あわれを分かちあう人を待ったのである。

もろともに 影を並ぶる人もあれや 月の洩《も》りくる笹の庵《いおり》に

月のあわれを「影を並」べて人と分かちあいたいと願う西行は、また、

さびしさに たへたる人のまたもあれな 庵ならべん 冬の山里

とも歌う。「影を並」べなくてもよい、間接的にでもよいから西行は、さびしさを分かちあいたいと願うのである。冬の山里に、さびしさに耐えたる人が、あそこに庵していると認めることが、それだけでも、西行にとっては、さびしさを分かちあうことであった。

さびしさやあわれは、耐えがたく、それを分かちあっても消えるものではないが、しかし、分かちあう友を西行は求める。世捨て人であった西行も、ともに悲しむ (Mitleiden) という意味の同情共感を求めないではおられなかったのである。

ただ情あれ

さて、西行は世捨て人であったが、世を捨てないまでも、中世の人々は、人の世の、人の身のはかなさを思った。そのはかなさを思った人々が求めないでおられなかったのも、そのはかなさのあわれを分かちあうことではなかったろうか。

はかないこの世の生において、彼らは膚を温めあうことを求めた。室町末期の『閑吟集《かんぎんしゅう》』に、

ただ人は情《なさけ》あれ 朝顔の花の上なる 露の世に

という小歌がある。朝顔の花の上の露のようにはかないこの世において、「ただ人は情あれ」というのである。「ただ人は情あれ」というのはこの時代の慣用句であり、例えば『義経記《ぎけいき》』にも「たゞ人は幾度も情あるべきは浮世なり」（巻二）とあり、また幸若舞曲『山中常盤《やまなかときわ》』にも「たゞ人は情あれ、情は人の為ならず」とあり、『三河物語《みかわものがたり》』（大久保彦左衛門忠教《ただたか》）にも「去程《さるほど》に、人は只《ただ》情あれ」とある。したがって、「ただ人は情あれ」という捉え方は、当時において一般的であったのである。

人の世は朝顔の花の上の露のように無常にはかなく悲しいものであるのだから、ただ温かい心のいたわりが大切であるというのである。否、大切であるというにとどまらず、ただそれだけが、この世に生きるよりどころであるというのであろう。『義経記』などには、情という言葉がしきりにあらわれている。情への関心の高まりを思わせるものがある。

西行のあわれの分かちあいよりも、庶民のこの言葉には、人と人との温かなつながりに重心がかかっているように思われる。この小歌では、この世に生きる者の、その悲しい生の、それがなければ生きられないあり方として、情というつながりが理解されているのであって、西行の場合のように、出家した一人一人が、道を求めつつ、その道を求める悲しみを分かちあうのとは、ニュアンスが違う。ともに悲しむという構造においては同じであるが、出家隠遁することなく、この世にその無常を悲しみながら生きた人々には、温めあう情こそが、ただ、この世の生のよりどころであったのである。

情は、「あはれ情も慈悲も深かりける人やと頼もしくぞ覚えける」(『義経記』巻七)のように、しばしば慈悲と対になって用いられる。情と慈悲とは近い言葉であるが、一般に使いわけがなされていたようである。

『三河物語』によれば、譜代の主君の慈悲とは、譜代の臣下をはじめ領内の乞食や被差別民に至るまでにあわれみをかけて、人馬が安穏であるようにと昼夜に心がける主君の心をいう。橋をかけ、道路をつくるのも慈悲である。重罪の者の罪を許すのも主君の慈悲である。これに対して情は、例えば、苦労をかけてすまぬと、個人的にいたわりの言葉をかけられた時、あるいは、思いがけなくも、主君私用の椀で酒を下された時などに、臣下はこれを主君の情としてうけとめる。慈悲をも情をも、ともにこれを慈愛と捉えるにしても、慈悲は、臣下人民の全体に対して、あるいは、ひとしなみに働きかける慈愛であり、したがってまた、より持続的な仕方で示される慈愛である。これに対して情は、個人的に、したがってまた思いがけない時に思いがけない仕方でふと示される慈愛である。慈悲がより一般的な慈愛であるのに対して、情はより個人的なものといえよう。「ただ人は情あれ」の情も、このような個人的な親愛の情《じょう》を内容とするものであろう。

個人的な親愛の情は、男女の情としてもっとも個人的なものとなる。したがって、情はまさに男女の情そのものを意味する場合もある。「ただ人は情あれ」という小歌の情は多分にこの男女の情をふくむものといえようが、しかし、それが慣用句となってゆく時、男女に限らずより一般的な個人的なかかわりの感情であったと思われる。

ともに世の無常をはかなみあわれむ人と人とが、個人的にかかわりあう感情に、そのあわれを分かちあうものが流れていたであろうことにはすでにふれたが、この点についてもう一言ふれておきたい。

室町時代に形成された謡曲には、亡霊があらわれて、その妄執を語りかつ舞い、これがあわれと受けとめられると、やがてその妄執が癒《いや》されて消えてゆくものが多い。夢幻能といわれるのがそれである。どの曲を挙げてもよいが、ここでは『清経《きよつね》』をとりあげておく。

『清経』は、『平家物語』によるものであるが、都落ちをした平家一門が九州にたどりつき、またその九州を追い出された時、一門の公達《きんだち》の清経は、この世の頼みがたい憂《う》さにたえかねて入水《じゆすい》した。遺髪が妻のもとに届けられると、妻は討死でもなく、病死でもなく、自分をおいて自ら命を絶った夫を恨み、遺髪を見ることの耐えがたさに、これを宇佐に返してしまった。清経の亡霊は、妻に恨まれることを恨み、それが成仏《じようぶつ》の障《さわ》りとなる。そこで、清経は夢に妻のもとに現われて、死なないではおられなかった切ない心を語り、世のはかなさを語る。かくて、妻の恨みはとけ、やがて清経の亡霊は成仏してゆく。『清経』の筋はおおよそこのようなものである。入水しないではおられなかった心が、妻にわかってもらえた時に、清経ははじめて成仏できた。妻の、夫のあわれをあわれと思う心が、夫を成仏させたのである。ここには、あわれをあわれと同情共感する心の願わしさがあますところなく語られているといえよう。

ところで、夫の悲しい、入水しないではおられなかった心を聞いた時、妻は、

聞くに心も呉織《くれはとり》、憂き音に沈む涙の雨の、恨めしかりける契《ちぎ》りかな。

という。聞くにつけ心も暗くなる、つらい思いで涙はとめどもない、なんと恨みの多い二人の仲であったことよ、というのである。妻は夫の心を理解し、もう夫を恨んではいない。今は、ただ、二人の契りのはかなかったことを嘆くのである。夫は、この妻を、

言ふならく、奈落も同じうたかたの、あはれは誰も、変らざりけり。

と、悲しくいたわる。地獄も同然のこの世のあわれは、誰も同じなのだ。われわれ二人だけではないのだというのである。幽明を異にするが、清経と妻は、憂きこの世に生きる悲しみを慰めあい、いたわりあうのである。憂き世は、ただその悲しみを分かちあい慰めあうことより他に生きるすべがないのである。憂き世なればこそ、同情共感にすがらなければ生きてゆけないのである。

「ただ人は情あれ」と求められた情は、根底において、この他者のあわれに同情共感するものに通じていると思われる。それを愛情といえば、それはこのようにそのあわれを同情共感する愛情であったといえよう。「朝顔の花の上なる露の世」に求められた情とはこのようなものであったと思われる。

物のあはれをしる

さて、このようなともに悲しむという同情共感の交わりを思想的にまとめ上げたものに、本居宣長《もとおりのりなが》（一七三〇—一八〇一）の「物のあはれをしる」論がある。宣長の「物のあはれ」論は、王朝以来の「あはれ」論の伝統を汲むもので、その側面から光があてられなければならないのであるが、彼が『源氏物語』の評釈ともいうべき『紫文要領《しぶんようりょう》』で展開したものは、このともに悲しむ「物のあはれ」論であった。儒教的な仁義礼智の教えに真実を認めえなかった宣長は、他《ひ》人《と》のあわれの情をあわれと受けとめるところに、この世の人間の交わりの最も真実なるものを見た。

「物のあはれ」論を説き出す前に、宣長はまず人間の「実情」なるものに注目した。実情とは飾り偽らない人間の心の本来のあり方であって、

楽ミをばねがひ、苦ミをばいとひ、おもしろきことはたれもおもしろく、かなしきことはたれもかなし(む)。

そのような心である。それは女の心のように女々《めめ》しい心であるともいう。彼はこの「実情」を指摘することによって、「男らしくきっと正しき」ことをよしとする儒教倫理や武士の倫理を、それは「強事《しいごと》」であり、「心を制し形をつくろい、本情をかくしつくろふ」ものとして否定し去った。もっとも、全面的に否定するものではなく、正しくきっとしたことにも、それはそれとしての意味を認めるものではあるが、しかしあくまでも、それは人間の実情・本情ではないという。ところで、宣

長はこの実情論をもって歌の成立を基礎づけた。歌は、このように実情のままに「ただ心に思ふことをいふより外なし」であった。実情が女々しいものであったから、歌もまた本来「はかなくしどけなくおろか」（以上『あしわけをぶね』）なものであった。

このように一般的な実情論から出発した宣長は、やがて、物にふれ事にふれて「あはれ」と「悲嘆・嘆美・嗟嘆《さたん》」する心に焦点をあてて、実情を理解するようになる。物にふれ事にふれて「あはれ」と感ずることが「物のあはれをしる」ことであって、あわれを知る時に歌が生まれるとすることになる。しかし宣長はさらに、あわれを人間の心のあり方としてのみ理解することなく、世界のすべての物や事に内包される属性と考えるようになった。あわれな月とは、人があわれと感じ受けとめるような属性をもった月のことである。「物のあはれをしる」ということは、世界の物や事が内包する「あはれ」性を感じとる心の働きということになる。宣長にとって、世の中はあわれの海のようなものであり、そのあわれを知るところに人の人たるところがあり、そこにまた歌が生まれてくると理解することになる。このような宣長の「物のあはれ」論が確立したのは、『紫文要領』であり『石上私淑言《いそのかみさざめごと》』であるが、今ここで特に注目したいのは前者である。それは、『紫文要領』において、客体的事物の「あはれ」性ではなく、さらに、他人が物に感じて「あはれ」と慨嘆しているその他人の「あはれ」な心情を、あわれと受けとめることを「物のあはれをしる」こととして強調しているからである。

人があわれに耐えがたい時には、そのあわれの趣を、息をながく文《あや》をなして歌えば、こよなく慰むものであると宣長はいう。しかし、それでもなお心が晴れがたい時には、その歌を人に聞いてもらうのがよいという。人がこれを聞いてあわれと思う時には、いたく心が晴れるものであるという。この点については後の章（六章）でまたふれるが、これを聞き手の側からいえば、歌い手のあわれをあわれと同情共感することが、歌い手の心を慰めることであり、それが宣長にとっての倫理でもあった。これは歌の世界に限られるものではない。人のあわれを知って生きる人、それが「心ある人」「よい人」であった。宣長は、人情を知りこれにかなう人が、「よい人」「心ある人」であるとしたが、それは自分のあわれとする心情に従って生きることを意味するものではなく、他人のあわれとする情に従って生きることであった。

他人のあわれとする情に従って生きることを「心ある」こととした宣長にとって、さらに、人のあわれとする情の結晶ともいうべき、世の人情、世間の風儀人情に従って生きることが、「物のあはれをしる」ことであり「心ある」ことであった。例えば、宣長は仏教を否定した。また、『源氏物語』の作者紫式部《むらさきしきぶ》も、仏教を否定する見識の持ち主であったという。しかし、『源氏物語』には、仏教的なことがしばしば現われてくる。この矛盾を宣長は、式部の、己れの見識をいたずらに振り回すことなく、世の風儀人情に従う「物のあはれをしる」態度のあらわれとする。宣長は、その実生活においても、いたずらに仏教的風習を拒否することはなかった。同情共感は、宣長においてはこのように、世間の風儀人情への随順という形をとってすらあらわれていたのである。

同情共感という仕方における人と人とのつながりの理解を追ってきたが、中世においては、その基本はあくまでも厭離穢土・欣求浄土という出世間志向にあった。室町の庶民にあっても、世の無常感は抜きがたくあった。ところで、宣長においては、形式的にいえば同じ同情共感ではあるが、その根底に流れるものを異にしていた。宣長において、その同情共感は、世間の風儀人情への随順にまで延長されるものであり、しかも彼においてこの随順は生の基本的なあり方であり、生を積極的に肯定するあり方であった。後半生において宣長は神道を正面から説いたが、神道を説くことになった時、世間の風儀人情は神々の所為《しわざ》であり、風儀人情への随順は、神々への随順となり、そのこと自体が「安心《あんじん》」という宗教的な心の安定をもたらすものとなった。このことは、人倫的交わりを第一義的なものとして認めない中世と、人と人との交わりをより積極的に重視する近世的発想とのちがいを示すものである。

学僧として戦国武将との交わりが深かった藤原惺窩《ふじわらせいか》（一五六一―一六一九）が、

我久しく釈氏（釈迦）に従事す。然《しか》れども心に疑あり。聖賢の書を読んで信じて疑わず。道果して茲《ここ》にあり、豈《あに》人倫の外ならんや。釈氏既に仁種を絶ち、また義理を滅す、是れ異端と為す所以《ゆえん》なり。（『惺窩先生行状《せいかせんせいぎょうじょう》』）

といって還俗して儒者になったことは有名な話である。中世から近世への転換を象徴的に示すものである。絶対的な価値を彼岸においてではなく、この世の人倫に見出したものであり、近世はまさにこの人倫の発見においてスタートしたのである。近世においては、人倫に生きること自体が絶対的価値につながるものであり、儒教的表現をもってすれば、人道に生きることが天道に生きることであった。

この中世から近世への転換について、さらに少しく考えておこう。それは、近世における日本人の人間関係の把握の質を明らかにするためにも意味があろう。

夢幻観の転換

中世において、この世は夢・幻《まぼろし》であると語られた。夢幻であるから、この世に執着せずに彼岸を求めよというものである。仏教では、人生の無常夢幻を知るための方法としてしばしば白骨観なるものが説かれたが、なかでも蓮如《れんにょ》（一四一五―九九）の「白骨の御文《おふみ》」が有名である。

夫《それ》、人間の浮生なる相をつら〳〵観ずるに、おほよそはかなきものは、この世の始中終まぼろしのごとくなる一期《いちご》なり。（中略）されば、朝には紅顔ありて、夕には白骨となれる身なり。すでに無常の風きたりぬれば、すなはちふたつのまなこ（眼）たちまちにとぢ、ひとつのいきながくたえぬれば、紅顔むなしく変じて、桃李のよそほひをうしなひぬるときは、六親眷属あつまりて、なげきかなしめども、更にその甲斐あるべからず。さてしもあるべき事ならねばとて、野外にをくりて、夜半のけぶり《（烟）》となしはてぬれば、ただ白骨のみぞのこれり。あはれといふも中々をろか《（愚）》なり。（下略）

このような、白骨を思い浮べて人生の無常を観《み》ようとする白骨観などをふまえた夢幻観が、近世への転換においてどのようにとり扱われることになったかということが問題である。

近世にもち込まれた夢幻観は、名利（名誉と利益）の目を通して見たこの世は夢幻だという仕方で受けとめられた。それは、名利の心の曇りをとり去る時、そこには本来の真実の相において人間の生が浮び出てくるというものである。

近世の中期に現われた『葉隠《はがくれ》』（山本常朝《やまもとじょうちょう》）には、夢幻について語る次のような文章がある。

幻はマボロシと訓《よむ》也。天竺（インド）にては術師の事を幻術師と云ふ。世界は皆からくり人形也。幻の字を用ふ事也。（「聞書」一）

夢の世とは能《よき》見立也。悪夢など見たる時、早く覚めよかしと思ひ、夢にてあれかしなどとおもふ事有。今日もそれに少も不レ違也。（「聞書」二）

これらの文章を全体から切りはなして見れば、『葉隠』の「武士道と云《いう》は、死ぬ事と見付たり」の根底には、中世的な夢幻観・無常観がひかえているように理解されてくる。しかし、それは『葉隠』の正しい理解ではない。

なによりも、常朝は、「一生を見事に暮す」ことを標榜する者であり、西行や兼好のような隠者の生き方を否定して武士の生きざまを語っている。

少《すこし》魂の入たる者は、利欲を離るると思ひて、踏込《ふみこん》で奉公せず、『徒然草』『撰集抄』などを楽《み》候。兼好・西行などは、腰抜・すくたれ者也。武士業《わざ》が不レ成《ならぬ》故に、ぬけ風を拵《こしらえ》たるもの也。干レ今《いまに》も、出家・極老の衆は、学びても可レ然《しかるべく》候。士たる者は、名利の真中か地獄の真中に駈入ても主君の御用に可レ立《たつべし》と也。（「聞書」二）

名利の真中、地獄の真中に駈け入っても「主君の御用に可レ立」というこの考え方と、「夢の世」という理解が、一つのものとして受けとられなければならないのである。

そこでもう一つ、次の文章を読むことにする。

人間一生誠に纔《わずか》の事也。好《すい》た事をして可レ暮《す》也。夢の間の世の中に不レ好事ばかりして苦を見て暮すは、愚成《なる》事也。此の事は、わろく聞て害に成《なる》事故、若き衆などへは、終に語らぬ奥の手也。我は寝る事が好き也。今の境界相応に弥々《いよいよ》禁足して寝て可レ暮と思ふ、と也。（「聞書」二）

常朝は主君の死去にあたり追腹《おいばら》の覚悟をもって出家し、今は出家の身であるので寝て暮らすといったのである。問題は「好た事をして可レ暮」の好いた事である。好くには二義があるゆえに、彼は若い者の誤解をおそれた。彼が「我人《われひと》、生きる方がすき也。多分すきの方に理が付べし」（一）という時の好きは否定的に用いられた好きである。若者が、このような好きの意味にうけとり、自由気ままになることを常朝はおそれたのである。もう一つは、「奉公人は唯《ただ》奉公に好きたるが能《よき》也」の好きである。「好た事をして可レ暮」という好きはこの好きである。

　このように見てくると右の一文において彼が主張したのは、一生はそもそも短いのであるから、生命にもこだわらず、まして己れの名利にこだわらず、ただひたすら奉公に徹して一生をつっ切れということである。この時、夢は「夢の間の世の中」として電光石火の短さとして捉えられている。夢にも二つの用法があり、一つはこの短さの形容であり、他の一つは悪夢、マボロシとしての夢である。「何もかも益にたたず、夢の中のたはぶれ也」(二)とは、悪夢の中、マボロシの中のたわぶれの意である。名利にとらわれ、生命に執着して一喜一憂することは悪夢の中のたわぶれであって何の役にも立たない。どうせ一生は短いのであるから、悪夢を断ち切って、「死身」となり、捨て身に奉公に生きよというのである。「武士道と云は、死ぬ事と見付たり」も、この筋で理解されなければならない。

　奉公人の心の極みとして常朝は「忍《しのぶ》恋」を説いた。彼のいう「忍恋」とは、

> 恋の至極は忍恋と見立申《し》候。逢《あう》てからは恋のたけがひくし。一生忍びて思ひ死するこそ恋の本意なれ。(「聞書」二)

である。はた目を忍ぶ恋ではなく、当の相手に恋心を打ち明けることなく「忍びて思ひ死する」恋である。常朝は「君臣の間、如レ斯《かくのごとく》成べし。奉公の大意、是にて埒明《らちあく》也」(二)という。忍ぶ恋は、

恋心の徹底的な純化である。奉公もまた、この忍ぶ恋のごとく、生への執着、名利への執着、私への執着を捨てきった極限においてあるべきだというのである。常朝においてこの世の生の本来の面目は、このような徹底的な純化においてのみふれうるものであった。「死ぬ事」とは、「忍恋」のごとく、主従の情の徹底的な純化に生きることである。

このように見てくると、『葉隠』における夢幻観は、悪夢にうなされている第一次的現実についていわれたものであり、この現実を夢幻と否定しさる時に、真実の本来の現実が浮び出てくるといったものであった。夢幻観は、人間関係を否定するものではなく、真実の本来の人間関係を浮び上らせるものであった。真実の本来の現実に生きることには、それ自体に絶対的な意義があった。神仏もそれを「納受《のうじゅ》」するであろうと常朝はいう。中世から近世への転換は、夢幻観のこのような質的な転換としてもあらわれていたのである。夢幻観の質の転換によって、人倫が積極的に肯定されることになったといえよう。

人倫と超越

ところで、近世は儒教的教養の流布した時代である。儒教は、『論語』の「季路、鬼神に仕えんことを問う。子曰く、未だ人に事《つか》えず、焉《いずく》んぞ能《よ》く鬼神に事えん。敢て死を問う。曰く、未だ生を知らず、焉んぞ死を知らん。」(「先進」第十一)の言葉にも明らかなように、現実の人間関係における生き方を重視する思想であり、近世の儒教思想は、藤原惺窩の人倫の発見を継承して、その自覚の深まりをさまざまな形において展開したものである。

後年、『論語』『孟子』に直接にあたって聖人の教えを理解すべきだという復古を主張した伊藤仁斎《いとうじんさい》（一六二七—一七〇五）も、はじめは関心を朱子学に向けていた。その頃、なお仏教への関心をも捨てがたく、思想的な混迷を体験していた。この混迷は、出世間的な教えとしての仏教と人倫の教えとしての儒教との間に、そのいずれをとるべきかという混迷であって、この混迷から仁斎がどのようにして脱け出したかということは興味ふかい。中世的・仏教的な発想に対する近世的・儒教的な発想をうかがう手がかりとなろう。

仁斎は、この時、先に述べた白骨観法などをも行ない、すべては空であり夢幻であるという釈氏の教えを理解しようとした。だが、彼は後に一つの立場を確立して、釈氏の教えを否定することになった。『葉隠』とは異なる、中世的夢幻観の克服のもう一つのあり方がここに見られる。

仁斎はいう。確かに、山林にしりぞき交わりを断ち、黙坐澄心して思いをこらせば、すべては白骨に見えてくる。すべては空となる。しかし、それは「一種の見解」であり、「虚見」であって「実理」ではないという。今、彼の言葉を引けば次のようになる。

乃《すなわ》ち山林に屏居《へいきょ》し、世故《せこ》（世の俗事）を謝絶し、坐禅面壁、硬く斯《こ》の心を澄清するを以て事と為し、其の修行既に久しく、功夫既に成るに及んで、忽《たちま》ち天地万物、悉《ことごと》く皆幻妄、山川城郭、総て空相を現わして、独《ひとり》此の心孤明歴歴万劫尽くること無きを見て、自ら三界を超脱すと謂《い》う。（中略）殊《た》えて知らず其の孤明歴歴万劫尽くること無き者は、乃ち虚見にして実

理に非ず。(『童子問』下)

すなわち、夢幻観は、

皆其の意想造作に出でて、自然の正道に非ず。(同上)

なのである。今日的ないい方をすれば、夢幻観は、あえて抽象的立場にたつ時に得られる思惟であるということになる。現実そのままを捉えるものではないということになる。このように確信するに至った仁斎は、人間の見聞覚知は虚妄ではなく、まさにそこに真実があるとするに至り、次のように言いきることになる。

彼れ天地を微塵《みじん》にすとも、天地何ぞ曾《かつ》て微塵ならん。人世を夢幻にするとも、人世何ぞ曾て夢幻ならん。天は是れ天、地は是れ地、古は是れ古、今は是れ今、昼は是れ昼、夜は是れ夜、生は是れ生、死は是れ死、夢は是れ夢、幻は是れ幻、有る者は自ら有り、無き者は自ら無し。明明白白、復《また》疑いを容《い》るる所無し。(同上)

仁斎は、このような手続きをへて、夢幻観を超えて人倫の現実を肯定することになった。そしてここから、

人倫を外にして道を求めんと欲する者は、猶《なお》風を捕り影を捉うるがごとし。(『童子問』上)

と、人倫における交わりを絶対視する考えを導き出してきた。このことを仁斎は、朱子の言葉をかりて端的に、

人の外に道無く、道の外に人無し。（同上）

と表現する。しかも彼は、さらにこれを、

俗の外に道無く、道の外に俗無し。一点の俗気と雖《いえ》ども、亦著《つ》け得ず。此れは是れ上達の光景。（『童子問』中）

といいかえる。彼においては、「米塩柴薪の細」に至るまでの日常の卑近な行為にこそ道があり、卑近は本来卑俗を超えるものであり、むしろ卑近なるものにこそいよいよ光明なるものがあった。仁斎においては、卑近な人倫日用の常行に、「忠信」（誠実）を主として生きることが、「天道に合（う）」ことであった。超越は、人倫を外にして求められるものでなく、人倫日用の常行において超越が果たされるのである。仁斎において、人倫に生きることは絶対的なものにふれることであった。仁斎において人倫は、そのようなものとして捉えられた。なお、仁斎の「忠信」については、三章においてふれることにする。

多生の縁

さて、儒教には、もともと人倫を重視する傾向があるのに対して、仏教の考え方には、さきにも述べたように、人倫を否定する可能性がはらまれていた。しかし日本人は、その仏教的な考え方をも手がかりにして、人と人とのつながりについての一つの理解を引き出してきた。観点をかえて、この側面から、日本人の人と人とのつながりについての理解を考えてみよう。それは縁《えん》という捉え方である。

縁は、今日でも必ずしも死語になっていない。仏教において、縁は、結果を生ずる原因を助成する事情、間接的原因、あるいは、心が外界の対象に向かう作用を意味するものであったが、日本人はここから、関係、つながりの意味を強く引き出してきたように思われる。しかし、そのつながりを「多生《たしょう》（他生）の縁」などと捉える時、そのつながりは、多くの前世をへる間にむすばれた因縁《いんねん》によるつながりという意味となる。縁をつながりと受けとる時にも、そのつながりは単なるつながりではなく、はかりがたい前世の因縁を負ったつながりである。例えば、親子の縁という考え方は、今、親と子としてある関係は、永劫に輪廻《りんね》する二つの主体が、前世にむすばれた因縁によって、今ここに親子というかかわりにおいて出会っているのだという考え方である。それは、はかり知れないものにおいてかくあらしめられているのである。親子の関係とは、はかり知れない不思議なものなのである。

われわれは、親子は、文句なく親子であるとして、それ以上のことを考えない。しかし、親子の縁という把握は、その関係の不思議さの理解を内包している。だから、縁に生きることが、かくあらしめるはかり知れない何ものかとのかかわりに生きることになる。なお、この縁という考え方には、先にふれたように、縁に生きる者の主体性を、輪廻する主体として、その限りにおいて認めるものがある。親子をただ親子として自明のものとして受けとるわれわれよりも、この縁という理解には、不思議なある主体性の理解が入りこんでいる。

さて、このような考え方を示した代表的な文学として『平家物語』をあげることができる。『平家物語』の思想の骨格の構造にこの考え方が働いているように思われる。しかも、『平家物語』は琵琶法師によって民衆の前で語られ、語られることによって成長したものであり、中世の民衆の心が色濃く反映している。

この作品は、平家の公達《きんだち》の没落のあわれを歌ったものであり、そこには、すでに謡曲でみたような公達の亡魂への鎮魂の意味もあったかと思われる。少なくとも『平家物語』形成のはじめの段階における琵琶法師の語りには、この鎮魂の意味があったであろう。だが、ここで問題にするのは公達がなぜ没落しなければならなかったかということである。それを『平家物語』がどう理解しているかということである。

公達が没落しなければならなかったのは、

入道の悪行超過せるによって、一門の運命すでにつきんずるにこそ。

というように、まさに父清盛の悪行によるものである。もっとも、清盛も元来の悪人ではない。平家一門の栄光を維持するために、その一門の運命の傾きをくいとめようとする時に、彼も悪行をせざるをえなかったのである。そしてその悪行のゆえに、子孫が滅亡せざるをえなかったのである。なぜ、父親の悪行のゆえに子孫が滅亡せざるをえなかったのか。ここには当然、「因果応報」「積善の余慶家につき、積悪の余殃《よおう》(報いとしての災禍)身に及ぶ」という考え方があった。

だが、今日のわれわれには、なぜ父親の悪行が子に報いるのかという問題が残る。そしてそれは、父祖と子孫との見えないつながり、不思議な一体性を前提にしなければ理解ができない。この見えない不思議なつながりが、『平家物語』における父祖と子孫、そして一門のつながりに理解されているのである。

一樹の陰にやどるも先世の契《ちぎり》あさからず。同じ流れをむすぶも多生の縁猶《なお》ふかし。

一業所感の身なれば、先世の芳縁も浅からず。

などという言葉は、このつながりの不思議さを捉えたものであり、不思議さをはかりがたい前世の制約として捉えたものである。「ただ一所にいかにもなり給へ」という平家の都落ちは、平家一門の人々が、この不思議なつながりを「先世の契」「多生の縁」と、逃れがたいものとして受けとめたからである。

この不思議なつながりに対して公達は、それぞれさまざまな対応をしている。そこから逃れ出ようとした者もある。しかし、人々はそこから逃れ出ることはできなかった。維盛《これもり》は、妻子への情にひかれて、西国に落ちても心は京都にあった。人々から二心あるかに思われ、いたたまれずに戦線を離脱したが、敵地の京へ帰ることもできず、さればといって出家したとしてもその名の知られた彼としては、見出されれば殺されることは必定である。かくて維盛は熊野で入水して終ることになる。妻子への情にひかれ、あるいは生命に執着しても、父祖との、あるいは一門との不思議なつながりの外に出られず、没落していったのである。

平家の公達のすべてが、この維盛のように、不思議なつながりから目をそむけ、そこから逃れ出ようとしたというわけではない。この不思議なつながりを正視して、そこに死んでいった者もあった。

知盛《ともも り》は、壇の浦の敗戦が決定的になり、安徳天皇が二位尼とともに入水し、教経《のりつね》らもまた入水した後、

見るべき程の事は見つ、いまは自害せん。

と死んでいった。『平家物語』は理想を語るものではないが、この物語から武士の生き方の理想をとり出せば、この知盛の生き方・死に方はその理想であったであろう。

「見るべき程の事」とは、見届けなければならなかった事であり、それを「見つ」というのは、平家の運命的な没落を最後まで自分は見はてたということであろう。またそれは、一門の没落行をともに生きたということを含む。知盛は、生きるべき生き方を生きて、そして今、その最後を見届けたというのである。ところで、妻子を捨て命惜しさをこえて一門の連帯（つながり）に生きた知盛にとって、連帯そのものがしかと尽きた時、これまでの生き方を貫き、完結する道は自害以外にはない。自害は、地上から姿を消した一門への忠誠である。一門が地上から姿を消した今なお生き残ることは、かつての連帯ならざる場に生きることであり、一門への二心を思わしめるものがある。

一門の消滅とともに消滅することが一門の連帯への忠誠を貫く道である。知盛はまた、平家の没落に、人間は無常のものであるという人生の実相をしかと観たであろう。「見つ」ということはこの観たということを含むであろう。人生の実相をしかと観たがゆえに、一層、知盛は、今はすでにない一門の連帯への忠誠に生きるべく自害する以外はないと心を定めることになったのであろう。知盛の言葉は、おおよそこのように理解される。不思議なつながりとしての縁に生き、縁に死ぬのが理想であったのである。

一所に死なん

ところで、都落ちの時、平家の人々は「此上はただ一所《いっしょ》でいかにもなり給へ」と都を落ちたのであるが、この物語には「一所に死なん」という言葉がしきりに現われる。特に「一所で死なんと契りしに」という形であらわれる。その多くは乳母の子との間に契られるものである。

一所で死なんという契りは、戦闘を共にし、形勢利あらざる時は、いっしょに同じ場所で死のうというものである。不思議な縁としてつながるものは、その縁をうけとめ、縁に生き縁に死ぬのが理想である。そのような理想のある世界では、元来、主従関係である乳母子との関係が兄弟の関係に擬制され、一所に死ぬことが意志的に追求されることになったのである。一方に、出家隠遁が標榜されていた中世においても、また一方に、このように一所に死ぬことが標榜されてもいたのである。そして、その根底には、縁という人間関係の把握があった。その関係を、人間を超えた何ものかにかくあらしめられたものとして捉えるがゆえに、またそこに死ぬことが標榜されることにもなるのである。

ところで、「一所に死なん」という捉え方は、軍記物語においても、『平家物語』に特に顕著にあらわれるのであって、特異な現象である。後世のものには管見するところ、情《なさけ》をしきりに説いた『義経記』に、この「一所に死なん」という捉え方がある。そして、近世の浄瑠璃、近松門左衛門《ちかまつもんざえもん》（一六五三―一七二四）の心中物にうけつがれている。『平家物語』と近松の心中物に、私はあるつながりを見ないではおられない。

どうで（どうあっても）徳様一所に死ぬる私《わし》も一所に死ぬるぞやいの。

とは、近松の『曾根崎心中《そねざきしんじゅう》』における、お初が心中と決めた心を男徳兵衛に伝える言葉である。周知のように、お初と徳兵衛はこの世で夫婦となることができず、曾根崎の森で心中した。近松はこれを、

未来成仏疑ひなき恋の、手本となりにけり。

とうたいあげた。お初と徳兵衛が死ににゆく道行《みちゆき》において、いや、二人の魂は道行の過程においてつれだって飛び去り、二人の死はすでにはじまっていたのであるが、この道行のなかで二人は縁の不思議さを語っている。

誠に今年はこな様《さま》も廿五歳の厄の年、私も十九の厄年とて、思ひ合うたる厄祟《やくたたり》縁の深さの

しるしかや。

なぜ、二人が思い合うことになったかわからない。それは縁の深さとしか言いようがない。その不思議な結びつきに二人は生きようとする。むしろ、不思議な結びつきだから、そこに生きようとする。一所に死ぬことができるのである。

『曾根崎心中』の第一幕に、お初が観音廻《めぐ》りをするところがある。それを近松は、

草の蓮葉《はすは》な世に交《まじ》り、卅三に御身を変へ色で、みちびき情でをしへ、恋を菩提《ぼだい》の橋となし、渡して救ふ観世音誓は、妙《たえ》に有りがたし。

と結んでいる。「恋を菩提の橋」とするとは、観音がお初をその恋において菩提に導くということである。これは最後の「未来成仏疑ひなき」と前後照応する。まさに、心中という恋のたかまりにおいて、情のたかまりにおいて、二人は菩提に入るのである。だから未来成仏はうたがいないのである。

それは死んだ後に浄土に行くというのではない。心中という情《じょう》のたかまりそのものが成仏なのである。先に、仁斎において、人倫の日用常行における超越を述べた。今ここに見られるのは、情における超越ともいうべきものである。

人倫における日用の行為を、あるいはその情の交わりを、日本人はこのような深さにおいて捉えてきたのである。

このように、日本人は、同情共感としてあらわれる他者への情《なさけ》において、生きてきた。また、そのような仕方において人と人とのかかわりを重視してきた。さらにまた、日本人がこのようにして重視してきた人間関係は、しばしば、それ自体において同時に絶対的な超越的な意味をもつものであった。

ところで、伊藤整は「近代日本における「愛」の虚偽」という評論において、キリスト教的な愛と比較して、われわれ日本人の愛は、同情・憐れみ・遠慮・気づかいといったものであり、日本人は、われわれのなしうる最善のことは、他者に対する冷酷さを抑制すること、あるいは他者に害を及ぼさないことにあると考えている、と指摘した。

すでに考察してきた情《なさけ》は、その精神的緊張を失う時、あるいは伊藤の批判を肯定せざるをえないものとなる可能性を確かにもっている。しかし私は、伊藤の批判をふまえながらも、情それ自体の精神的な豊かさを、さらに見究める必要を感ずる。日本人の心に流れてきた情が、さらに高められる可能性を秘めるものであったことを指摘しておきたい。

伊藤は、日本人のいう慈悲なるものも、所詮、右に彼が指摘したその域を出るものではないとしたが、私のみるところ、道元《どうげん》やあるいは親鸞《しんらん》において説かれた慈悲は、もっときびしく深いものであった。日本人の心のなかには、そのようなきびしさも可能性としてははらまれているのである。

しばらく道元の慈悲を、次いで親鸞の慈悲を考えてみよう。

道元（一二〇〇－五三）は出家を説いた。だが、彼は出家者の捨身の慈悲を説いてやまなかった。例えば道元は、彼の師栄西《ようさい》（一一四一－一二一五）の慈悲行を賞揚する。栄西は餓死に瀕した貧者に、仏像の光背にと用意された銅を、これを食物にかえて飢えをふせぐべしと与えた。人々は寺の物を無断に用いた罪を難じたが、栄西は、「誠に然り」としつつも、

現に餓死すべき衆生《しゅじょう》には設《たと》ひ仏の全体を以て与ふるとも仏意に合《かな》ふべし。

といい、また、

我れは此の罪に依り悪趣《あくしゅ》（死後の苦悩の世界）に堕すべくとも、只《ただ》衆生の飢へを救ふべし。

とした。道元はこの栄西を賞揚して、

先達の心中のたけ今の学人も思ふべし。忘るゝこと莫《なか》れ。

という（『正法眼蔵随聞記《しょうぼうげんぞうずいもんき》』）。

道元の言行を記録した『随聞記』には、中国の知覚禅師なるものが、かつて国司であった時、あえて官銭をぬすんで人々に与えた話も語られている。死罪となり斬られようとする時に、彼は、

今生の命は一切衆生に施す。

と少しも愁うる色がなかったという。かくて、帝はその深い心に感じて死罪をとどめ、願いによって出家せしめたというのであるが、道元はこの知覚禅師を語って、

今の衲子《のっす》（僧）も是らほどの心を一度発《おこ》すべきなり。命を軽じ衆生を憐む心深くして身を仏

制（仏法の掟《おきて》）に任せんと思ふ心を発すべし。（中略）是れほどの心、一度おこさずして仏法を悟ることは有べからざるなり。

という。道元はこのような捨身の慈悲を強調した。しかもそれは何かのための手段ではなく、捨身の慈悲行《ぎょう》自体が絶対的なるものの実現であった。絶対的なものは死後の彼岸においてではなく、いまの捨身の行において実現されるべきものであった。このように道元においては、一切の衆生、一切の生きとし生ける物に対する捨身の慈悲が、その信仰の核心において説かれていた。

このような捨身の慈悲のみでなく、道元は、日常的な場における仏法の掟として、他者に対する慈悲と恭敬とを説いた。

悪口を以て僧を呵嘖《かしやく》し毀誉すること莫れ。

というのは、いかに悪僧であっても、「供養帰敬」の心をもって接すべきことを教えたものである。それは、僧はすべてが「仏弟子」であるからである。道元はまた、

他の非を見て悪《あ》しゝと思ふて慈悲を以て化せんと思はゞ、腹立まじきやうに方便して、傍《かたわ》ら事を云ふやうにてこしらふべきなり。

ともいう。道元において慈悲と帰敬とは究極において一つであり、慈悲の根底には帰敬の心が流れていた。

慈悲と帰敬の心をもって接すべきは、ただ仏弟子である僧侶のみではない。

仏子は如来《にょらい》の家風を受て、一切衆生を一子の如くに憐むべし。我に属する侍者、所従なればとて呵嘖し煩はすべからず。いかに況《いわん》や同学等侶（仲間）、耆年《ぎねん》宿老等をば恭敬すること、如来の如くすべし。

と、彼は、「慈悲を心」として「一切衆生ひとしく恭敬」すべきことを説く。それは「人々皆な仏性あり」「（余の畜生とは異なり）人々皆な仏法の器なり」だからである。

上下親疎の別なく人々は皆、仏になる可能性をもつゆえ、それは愛敬すべき対象であった。彼が『正法眼蔵』で展開した「悉有《しつう》は仏性なり」という立場によれば、これはさらに一切衆生自体が仏性だ、絶対だという理解となる。『随聞記』にも出てくるが、これらの考え方は、「士《さむら》ひの恥辱を思ふ」他者へのかかわり方に通じる。この他者へのかかわり方は、戦国以後の武士の思想として顕現していく。道元の思想は、そのようなかかわり方を思想的にたかめ、高く掲げたものである。

この道元の慈悲に対して、親鸞（一一七三―一二六二）の浄土真宗は、

今生にいかに、いとをし不便《ふびん》とおもふとも、存知のごとくたすけがたければ、この慈悲始終なし。（『歎異抄《たんにしょう》』）

と批判的であった。道元的な慈悲行は、「いかに、いとをし不便とおもふとも」、人間の力をもってしては「おもふがごとくたすけとぐること、きはめてありがたし」と否定された。しかし、この否定は、衆生の苦しみへの無関心ではなく、深く衆生の苦にかかわるがゆえにこそ、その自力的救済

に挫折し絶望したのである。かくて、ここから「しかれば、念仏まふ《(申)》すのみぞ、するとをりたる大慈悲心にてさふらうべき」と転ずることになる。念仏して、いそいで仏になって、おもうがごとく衆生を救済するという道が求められることになる。

しかも親鸞には、従来の浄土信仰と彼とを分かつ、現生において正定聚《しょうじょうじゅ》になるという思想があった。正定聚とは、仏となることがまさしく定まった者の意味であるが、浄土教の伝統的な理解では、阿弥陀仏《あみだぶつ》を信じ往生を願う者は、浄土に往生することができ、その浄土においてこの正定聚の位に住することになるとされてきた。ところが親鸞は、信心獲得の人は、獲得のその時、現生において正定聚になると理解した。信心獲得の時、往生は確定し、また成仏も確定する。成仏は往生のその時、実現するのである。これが親鸞の「現生正定聚」の思想といわれるものである。

この現生正定聚の思想は、先にもふれたような浄土信仰の陥りがちな厭世思想をおのずから排するものであり、おのずから現世の生の積極的な意義を与えるものである。

親鸞は、この現生正定聚を、「弥勒《みろく》におなじ」、あるいは「如来にひとし」とすらいう。

ここに思い出されるのは、先に引いた『歎異抄』の、

浄土の慈悲といふは、念仏して、いそぎ仏になりて、大慈大悲心をもて、おもふがごとく、衆生を利益《りやく》(恵み)するをいふべきなり。

という言葉である。現生正定聚は仏そのものではない。しかし「弥勒におなじ」であり、「如来に

ひとし」という時、現生正定聚のおのずからの利他は大きい。その慈悲は自力の慈悲ではなく、阿弥陀仏のはからいとしてのおのずからの慈悲である。『正像末浄土和讃《しょうぞうまつじょうどわさん》』の、

　如来の廻向《えこう》に帰入して
　願作仏心をうるひとは
　自力の廻向をすてはてて
　利益有情《うじょう》はきは《（際）》もなし。

は、まさにこの現生正定聚を語るものとなろう。訳せば、「如来の廻向に帰入して成仏を願う信心を得る人は、自力の廻向を捨てつくして、如来の徳の現われとして、衆生を利益すること際限もない」（岩波「日本古典文学大系」頭註による）となる。

親鸞は、わがはからいとしての慈悲に挫折し絶望したが、このように、阿弥陀仏にはからわれたものとしてのおのずからの慈悲を標榜した。親鸞の自然《じねん》（おのずから）については最後の八章でとり上げるが、慈悲を自然の慈悲と捉える時、その慈悲は底深く広大なものとなる。

親鸞は、

　親鸞は父母の孝養のためとて、一遍にても念仏まうしたること、未ださふらはず。そのゆへは、一切の有情は皆もて世々生々の父母兄弟なり。いづれもいづれも、この順次生に仏になりて、助けさふらふべきなり。（『歎異抄』）

という。彼の自然の慈悲は、一切の有情にひとしなみに及ぶべきものであった。輪廻する一切の有情は、過去のいずれかの世においてか、あるいは父母、あるいは兄弟となったものである。一切の有情は父母であり兄弟であった。しからば何れの人が「業苦にしづめりとも」、あるいは父母とし、あるいは兄弟として、その苦しみは救われなければならなかった。親鸞は、すべての有情をひとしなみに、救いとる慈悲を弥陀からたまわることを求めた。

ところで親鸞は、

　親鸞は弟子一人ももたずさふらう。（『歎異抄』）

といっていた。親鸞のはからいではなく、まさに弥陀のはからいによって念仏する人を弟子とはいえないというのである。同信の人々は「同行」また「同胞」であった。

この「同行」「同胞」へのかかわり方としては、たとえば、

　とも（友）同朋《どうぼう》にもねんごろのこころのおはしましあはゞこそ、世をいとふしるしにてもさふらはめ。（『末燈鈔《まつとうしょう》』）

という。世の無常を厭い往生を求めるものはお互いにねんごろであれというのである。否、さらに、世を厭い往生を求めるものとねんごろにすることが、世を厭い往生を求めるしるしであるというのである。

この同朋に対するねんごろさは、素朴な自然的な要請であるように見えるが、親鸞はこのねんご

ろさについても、それを自力ではなく、「いよ〳〵願力をあをぎまひらせば自然のことはり《(理)》にて、柔和忍辱《にんにく》のこころもいで《(出)》くべし」（『歎異抄』）と弥陀よりたまわりたるねんごろさと捉える。その意味で、同朋へのねんごろさも「世をいとふしるし」なのである。

道元は、慈悲を仏制にしたがう捨身の慈悲と捉え、親鸞は、阿弥陀仏という絶対的なものに突き動かされるものとして捉えた。日本人の心には、このような精神の高い緊張も可能性としては流れているのである。このような高い緊張における人と人とのかかわり方が重視されていたのである。

本章は、日本人が人間関係を、無常感を超えて生の基本的なよりどころとしてきたことに焦点をあてて考えたものである。同情共感の情《なさけ》も、夢幻観の転換も、「縁」の理解も、慈悲の思想も、無常感とのかかわりにおいて、それに押し流されない地平を拓いたものである。しかし、日本人が人間関係に生きることに与えてきた意味づけを、さらにすすんで理解しようとすると、日本人が捉えてきた絶対的なものはいかなるものであり、その絶対的なものとのいかなるかかわりにおいて人間関係が捉えられてきたかということを見なくてはならない。この点にも、若干ふれてはおいたが、このような問題に焦点をあてて考えたのは、六章、七章、そして最後の八章である。

日本人の「人倫重視的傾向」を豊富な資料で詳述したものに中村元氏の「日本人の思惟方法」（『東洋人の思惟方法』第四編、春秋社）がある。近年の作では、土居健郎氏の『「甘え」の構造』（弘文堂）が社会心理学的に人倫重視の質を考えたものといえる。かつて和辻哲郎氏が、西洋近代思想の影響をうけつつ

「間柄」を重視する独創的な倫理学を形成したのも、伝統的な人倫重視の傾向を反映したものである。

なお本章にふれた近松については、

高島元洋「情における超越」(『超越の思想』東京大学出版会、近刊)

親鸞の現生正定聚については、

星野元豊「『教行信証』の思想の内容」(岩波「日本思想大系」『親鸞』所収)

が、参考になる。

本文中にあげた伊藤整氏の「近代日本における「愛」の虚偽」は、『近代日本人の発想の諸形式』(岩波文庫)に収録されている。

二章　対峙する精神

正に一人の武士の子たる余に相応しきは、自尊と独立である。
——内村鑑三

この章では、長い間、政治的のみならず精神的な側面においても、特にその倫理観において日本の社会をリードしてきた武士を対象にして、その人倫観を中心に考える。武士は元来戦闘員であって、武士の心はその戦闘員的体験のうちに形成されたものである。いうまでもなく、武士も日本の人間であり、武士以外の人々と根底においては同じ精神的土壌に生きるものである。しかし武士は、土壌を同じくしつつも、その戦闘員としての体験とその伝統のうちに生きることによって、共同の土壌から独自な精神を形成してきた。武士が養い育ててきた心は、戦闘員的体験のうちに形成された日本人の心である。それは、日本人の心のもつ可能性の一面を、大きく引き出したものである。ここでは、人と人との交わりについての日本人のより一般的な受けとめ方を問題にした一章をうけて、武士が、己れ自身を、そして他者を、また己れと他者とのかかわりをどのように捉えてきたかを問題にする。具体的には、戦国時代の武将の生きざまを起点として考えていく。

戦国武将の生きざま

群雄割拠の戦国時代はまた下剋上の時代であった。この動乱の中に、支配者として生きつづけようとする者は、下からの突き上げをしのがなければならなかった。下からの突き上げをしのぎ得るものを身につけていなければならなかった。さらにまた、下から上を突き上げ、その支配的地位にとって代わろうとする者も、人心を収攬して、その力でその下剋上をなしとげようとしたから、人心を収攬するものを身につけていなければならなかった。戦国時代は暗黒の時代といわれるが、この側面から見るとき、きわめて精神的な緊張のたかまった時代であった。戦国時代以来の武士の基本的な姿勢は、この緊張のたかまりの中に形成されたものである。

戦国大名のはしりともいうべき朝倉一門に朝倉宗滴《あさくらそうてき》（教景《のりかげ》 一四七四―一五五五）という武将がいたが、彼の残した言葉に次のようなものがある。

> 大事の合戦の時、又は大儀なるのき（退）口などの時、大将の心持見んため士卒として種々にためすものにて候。聊《いささか》も弱々敷《よわよわしき》体を見せず、詞《ことば》にも出すべからず。気遣《きづかい》油断有間《あるま》敷《じく》候事。（『朝倉宗滴話記』）

戦国時代においては、部下の眼は常に大将に注がれていた。自分の従う大将がたのもしく頼りになる大将であるかどうかということは、武士たちの己れの存亡をかけての関心事であった。武士たちは、大将の一挙手一投足を注視して、頼りにならぬ大将と見限る時には、その大将のもとから離れていった。あるいは一揆を組んで下剋上の挙に出た。武士たちの眼は、興廃をかけた大事な一戦において、あるいは一歩誤ると崩滅という大儀な退却作戦などの時、一層きびしく大将に注がれた。このような大事・大儀の場において弱将の心は動揺する。たのもしい大将は、はっきりとそのたのもしさをあらわにする。だから「士卒としては種々にためす」のである。「ためす」はたしかめる・調べるの意味であるが、なお、こころみるの意味をもふくんでいる。こころみるとして宗滴の言葉を読めば、極度に緊張した場において、それでなくても動揺を禁じえない大将に、部下は何事かを仕掛けてその剛臆をテストしようとするということになる。大将の剛臆をたしかめる・調べるという姿勢のうちにも、すでにこのこころみるという一層きびしい士卒たちの眼はふくまれている。

宗滴は、武将たる者がおかれているきびしい位置をこのように捉えた。そして宗滴は、武将はいっさい弱味を見せてはいけない、詞に出してもいけないという。油断という緊張の弛緩はゆるされない。不安に動揺する気遣いはゆるされないという。油断・気遣いの体を示し、詞に出す時、士卒は彼から離反するというのである。

宗滴は、

　武者は、犬といえ畜生といえ勝つことが本《もと》にて候。（同上）

という言葉を吐いた人物として知られている。だが彼が単なる犬・畜生では勝てないということを、

この上もなくはっきりと自覚していたことは、右のような心の緊張を説いたことでも理解される。彼はまた、

内の者にあなどらるると、主人心持出来候わば、はや我心狂乱したるとさとるべし。(中略)一段比興《ひきょう》なる心中、且《かつ》は家の乱の基也。(同上)

ともいう。部下にあなどられているのではないかなどという不安がきざしたら、わが心がもはや狂乱していると思え、それは、この上もなくあさましく臆病な心であり、そのような不安をもつ時、お家の滅亡は必至であるというのである。宗滴のこの言葉は、このような不安が内面にきざさないような己れの確立を求めるものであり、不安がきざしたらそれを否定しろというにとどまるものではない。

宗滴が、大事大儀の場の士卒の眼を問題にして、「気遣油断有間敷事」といったのも、気遣い油断があってはいけないというだけでなく、気遣い油断するような大将のお家の滅亡は確実だといっているのである。気遣い油断は、その場の努力によって避けうるものでなく、己れを気遣い油断のない武将にまで、かねて鍛え上げておく必要がある。かねて鍛え上げていなければ、部下のきびしい眼に耐えうるものではない。仏教的にいえば、畜生道・修羅道といわれる戦乱のただ中に生きることを宣言する武将宗滴には、敵にもまた部下にも動じない自己にまで自己を鍛え上げようとする精神的緊張のたかまりがあったのである。

戦国大名の一人北条早雲《ほうじょうそううん》（一四三二―一五一九）の家訓と伝えられるものに、

上下万民に対し、一言半句にても虚言を申すべからず。かりそめにもありのままたるべし。虚言《そらごと》言つぐればくせになりて、せせらるる（人に攻められる）也。人に頓而《とみに》見限らるべし。人に糺《ただ》され申ては一期の恥と心得べきなり。（『早雲寺殿《そううんじどの》二十一箇条』）

という一条がある。いかなる事態においても「あるをばあるとし、なきをばなきとし」て「ありのまま」に生きることは、よほどの精神的な強さがなくてはならない。早雲は、このありのままに生きる精神的な強み、したがって、その内面性の高みに己れを鍛え上げることを求める。

ありのままに生きるということは、単に虚言をいわないということにとどまらない。それはさらに、敵の前に、部下の前に、己れを飾らずありのままの自己をもって立つ精神に通じる。ありのままの自己をもって敵の前に、また部下の前に立っても、ひけをとることのない自己にまで自己を高めること、そのようなありのままが早雲の求めるところであり、宗滴の求めるところでもあったといえよう。

武田信玄《たけだしんげん》（一五二一―七三）の家風を近世の初期にまとめた『甲陽軍鑑《こうようぐんかん》』には、このありのままの標榜が女侍批判としてあらわれている。女侍とは女のような侍である。「貢《かざり》は女人或は町人の法也」、武士のものではないのである。女には、

我つま《（夫）》に能く思はれんことを思ひ、同くかほ《（顔）》にべにおしろいをぬりて、男によくしたしまん

と云ふ意地のかざり。

がある。庇護をうける者によく思われようとする飾りが根本にある。己れを偽り、己れを飾ることは、武士においてもっとも否定すべき姿勢であった。

動乱のうちに、このように、ありのままの自己をもって立つことへの標榜が生まれていたのである。

敵を敬う

ところで、戦国の武将は、それぞれおらが城郭によって、敵とその存亡をかけて対峙していた。この戦いに勝ち抜くためには、自らを人間的に高めなければならなかった。ありのままの自己をもって立つ自己の確立がそれであった。ところが、ありのままの自己をもって立つ武将は、また対峙する敵の大将に敬意をはらう武将であった。人心を収攬して大軍を統率する武将は、敵であっても、その事実をありのままに見る時には、大軍を統率するまさにその点において、敬意に値する存在であった。自らありのままに立つ武将は、ありのままにこの事実を見て、ありのままに敵将に敬意をはらう武将であった。『軍鑑』は、

敵をそしるは必ず弓矢ちとよは《弱》き家にこの作法也。

という。敵をそしるのは、言葉の上で自分を飾ろうとする、また飾らないではおられない弱さの表現なのである。

ここには、敵にも敬意をはらえという思想がある。日本には敵をも愛せよという思想は生まれな

かったが、敵をも敬せよという考え方は生まれている。戦国武将は、自らを敬するに値する武士に鍛え上げるとともに、敵を敬する武将たることを標榜したのである。

また彼らにとっては、敬するに値する存在こそ敵とするに値する存在であった。敬するに値しない弱敵を相手にすることは、自らの瑕瑾《きず》であった。弱い者をいじめる、否、弱い者しか相手にできないとして自らの瑕瑾であった。

このことはまた一般の武士と武士との関係においてもいえることである。殺伐とした戦闘者の集団には喧嘩が多く、生命のやりとりともなった。これに対して喧嘩両成敗の法度《はっと》が定められることが多かったが、この両成敗の法度を、武士の精神を堕落させるものとする非難の声が上がった。すなわち、何をされても堪忍せよといえば、屈辱をうけても堪忍する、生命を惜しむ臆病な侍だけになってしまうというのである。武士は、法にそむいても「男を立て」「男道のきっかけ」をはずしてはならないというのである（『甲陽軍鑑』）。大将がおらが城廓を死守したように、武士の一人一人にとっても、己れは死守すべきものであった。屈辱を与えられても黙っていることは、この己れの精神的な独立性という貴《とうと》さを失うことであった。それは武士にとって生命よりも価値あるものであった。

ところで、このように己れの貴さを守る武士は、傍輩に対しても、彼が武士であるということに敬意をはらう武士であった。例えば喧嘩の時、武士は相手の人命を断つことよりも、相手に屈辱を与えることを否定した。たとえば馬乗りになって殺すことは相手を辱《はずか》しめることであって、なすべきことではなかった。それは相手を武士として遇することではなかった。罪人をもなお武士として遇するのが切腹であることは周知のところであるが、喧嘩においても、敵をなお武士として遇すべきであったのである。

自らが武士たらんとする者は、他者をもまた武士たらんと志す者と見る。自らが武士たることを心がけない臆病者は、他人もまた自分と同じであると見る。人は自分の身の丈《たけ》にあわせて人を見るのである。武士を心がける者は、恥辱を与えられれば生命を捨ててもこの恥をそそごうとする。他人もまた同じであると見る。だから、他人に恥辱を与えない。恥辱を与えれば、ただではすまないことを知っている。生命を惜しむわけではないが、生命の貴重さを知っている。だから、心がけある武士は他人を辱しめないのである。しかし臆病者は他人もまた己れと同じであると見るから、他人を辱しめてはばからない。辱しめを与えても大事はないと見るのである。他人を辱しめてはばからないことは、自らが臆病者であることを示すことにほかならないのである。

名と恥

武士が恥を語り名を重んじたことは、しばしばいわれるところであるが、その恥や名を重んずる姿勢も、この自らを持し他を敬《うやま》う姿勢とのかかわりにおいて理解されなければならない。

恥や名を問題にする生き方は、他律的な生き方であると理解するものがあるが、そのように簡単に割り切ることはできない。それはむしろ誤解である。

なき名ぞと人にはいひて有りぬべし　心のとは《(問)》ばいかゞ答へむ
（『後撰和《ごせんわ》歌集《かしゅう》』）

という歌の、特にその下の句を『葉隠』の山本常朝（一六五九―一七一九）は好んで引いている。

右の下句にて心を究見《きわめみ》れば、隠所《かくれどころ》はなき也。能き究役也。此《この》究役に逢て恥かしからぬやうに心を持たき也。（「聞書」一）

気力さへ強ければ、詞にても、身の行にても、道に叶《かなう》やうに成もの也。是は脇よりは褒《ほむ》る也。然共《しかれども》、心に問れたる時、一句もいけぬもの也。（「聞書」二）

のように常朝は、自らの心の目をもって自らをきびしく規正しようとする。およそ他律的ではない。
このような自律的な姿勢は、なにも『葉隠』をまつまでもない。先にあげた『甲陽軍鑑』にも、

侍武士道のかせぎは、申すに及ばず、一切の儀について、善悪の儀、人を証人に立つるはおろかなり。只我心を証人に仕候はゞよからんと存ずる。（中略）心に心を恥じる人は、何に付けても、大きにほめたる事なりといふ。

と述べている。

武士は、自らを自らの心に、敬うに値する武士であるように自己を持そうとした。今これを自敬の精神といえば、武士にはこの自敬の精神が強く流れている。ただ、武士はさらに、自分が尊敬に値する武士であると自ら納得するために、自らを納得させうる事実を、己れ自身の前に示すことを

求めた。例えば武士は、自分が臆病者であると感じたくなかったから、臆病者でなく生きようとしたが、ただ主観的に自分は臆病ではないと確信するだけでなく、臆病者でないということを自らに実証しようとした。たとえば、一番乗り・一番槍を一度もしたことがない者は、自分を臆病者ではないと確信することができなかった。ここから、武士は、一番乗り・一番槍へと自己をみがきたてることになった。

武士はこのように自敬の精神を標榜して生きたが、ここで注目すべきことは、自敬の念を満足させるような行為の事実は、また、他人が彼を尊敬に値する武士であると認める事実でもあったということである。したがって、自敬の念を納得する武士は、また同時に、他人からも尊敬される武士であるということになり、ここに、自らの心に恥じる恥が、同時に他人の目を恥じる恥ともなってくるのである。

武士の恥、そして名を理解するためには、武士におけるこの事実の尊重を見落とすことができないが、それと同時に、自分の目と他人の目との同質性の理解があることも見落とすことができない。かつて三河武士であった近世初期の禅僧鈴木正三《すずきしょうさん》（一五七九―一六五五）が、同じく恥とは「心に心を恥じる」ことであることを説く時に、

余所《よそ》の人は我にしられん事をはづ。去《され》ば我なんぞ我に恥ざらんや。此理をわすれて我は又よその人にしられん事をはづ。余所の心と我心、更に別にあらず。（『盲安杖《もうあんじょう》』）

といっているのは面白い。他人の心と自分の心、他人の目と自分の目、それは同質のものなのである。先に武士における、他人に対する敬意を見てきたが、その敬意がここでは、その目に対する敬意となってあらわれている。

事実を重んじ、自分の目と他人の目を同質とするところ、自敬の満足を求める行為は、同時に恥を知り名を求める行為となる。武士における名と恥の問題は、このように理解されなければならない。

勝負の構え

戦国武将の姿勢は、当時の一般の武士の理想とする姿勢であり、また、徳川の太平の世となり、戦闘がなく敵というものがなくなった時代においても、武士のあるべきあり方の骨格としてうけつがれた。その基本は、戦国の武将が、それぞれおらが城廓によって相《あい》対峙した、その対峙的な関係である。太平の代における傍輩との関係にあっても、あるいは主君と臣下としてかかわる場合をもふくめて、武士と武士とが向かいあう時、そのかかわり方の基本にはこの対峙的な関係があった。これを主体的な姿勢として捉えれば「勝負の構え」となる。すべて武士的なるものを理解する時、この基本を見落としてはならない。王朝貴族の伝統にも町人の心性にも、この構えの姿勢はない。先にふれた、自らを持し他者を敬うことも、恥を知り名を重んずることも、この対峙的人倫観、あるいは勝負の構えを基本としてその上に開かれたものである。

まず、武士にとっては勝つことが根本であったことから述べなければならない。

勝つことが本にて候。

といったのは宗滴であり、『軍鑑』にも、

勝がなくては名がとれぬ。

とある。有名な宮本武蔵《みやもとむさし》（一五八四―一六四四）も、

大形《おおかた》武士の思ふ心をはかるに、武士は只死ぬと云道を嗜《たしなむ》事と覚ゆるほどの儀也。死する道におゐては、武士計《ばかり》にかぎらず、出家にても、女にても、百姓以下に至る迄、義理をしり恥をおもひ、死する所を思ひきる事は、其差別なきもの也。武士の兵法をおこなふ道は、何事におゐても、人にすぐる所を本とし、或は一身の切合《きりあい》にかち、或は数人の戦《たたかい》に勝ち、主君の為、我身の為、名をあげ身をたてんと思ふ。是、兵法の徳をもって也。（『五輪書《ごりんのしょ》』）

という。死の覚悟よりも、武士の武士らしさは、まさに勝つことにあるというのである。勝つことは、次第にすぐれることへと内容が拡大されてゆく。近世中期の大道寺《だいどうじ》友山《ゆうざん》（一六三九―一七三〇）は、その『武道初心集《ぶどうしょしんしゅう》』に、

大身小身共に武士たらんものは勝と云文字の道理を能《よく》心得べきもの也。子細を申に、勝といふ字はすぐるると読申《よみもうす》儀なれば、とかく人にすぐれたる所がなくては能《よき》武士とは被レ申ず候。

という。武士を外側から批判的な目で捉える時にも、武士的な姿勢の根本は勝つことであった。本居宣長の師にあたる堀景山《ほりけいざん》（一六八八―一七五七）は、「日本の武士の風」として「武威を張って我慢に好レ勝

の心、且つは又威光の落んことを恐る心」といい、「只もの人に卑下《ひけ》をとらじと、何事にても人に勝つことを専《もっぱ》らとする」（『不尽言《ふじんげん》』）と述べている。勝たんとする勝負の構えは、このように武士の姿勢の基本であり、それは対峙的人倫観をふまえたものであったのである。

ところで、武士にとって勝つということは、もともと、一国と一国との戦いにおいて、一対一の戦いにおいて、相手を倒すことであった。それは元来血なまぐさいことであった。しかし、ここで考えておかなくてはならないことは、勝つためには、勝ちうる自己にまで己れを高めなければならないことが、しきりに説かれていたことである。『甲陽軍鑑』は、国をほろぼし家を破る大将の四つの型として「馬鹿なる大将」「利根過ぎたる大将」「弱過ぎたる大将」「強過ぎたる大将」をあげて、その心理分析を徹底的に行なっている（「命期巻《みょうごかん》」）。生涯敗北を知らず何らの負け味も残さなかった武田信玄は、自らの道理非の分別をふまえて立つ大将であったという。勝利は腕力の問題ではなく、内面の精神の問題であったのである。

したがって、勝つということは、内面の、精神の優位を示すものであった。元来、血なまぐさい勝つということが、徳川の太平の世にもなお武士の基本としてうけつがれえたのは、勝つことが内面の問題として捉えられていたからである。

勝つことは、消極的にいえば、負けぬことであり、おくれをとらぬことであった。相対峙し、相伍《ご》する関係において、おくれをとることは落伍することであり、武士を失格することであった。勝つことにおいて、少なくともおくれをとらぬことにおいて、武士は一個の武士として武士社会に立ちえたのである。

この勝負の構えは、太平の代になっても、すべてが味方傍輩となった代においても、その日常的な行動のすみずみにおいても要求された。武士は、すべてが精神的なおらが城廓において生きたのである。

したがってこのような武士たるものに、まず求められたのは強みである。強みは威厳、威光とまず理解しておいてよかろう。

> 威あってたけからずとは威儀ただしくして、そそけみだれず、みるからに威光あるゆゑに、あなどりがましくおもはれぬぞ。それを威という。（中略）心に徳をそなえ身に行いをただして敬あらば、目みるより威光ありて、人がおそれるぞ。ただむりにつよがりぬるをたけしという。（『寸鉄抄《すんてつしょう》』）

これは、儒者藤原惺窩の言葉であるが、まず威は、腕力的なたけだけしさとは区別される。その内面から押し出されるものによって、ただそこに存在していること自体が、あなどりがたい人間的な迫力をもって威圧してくるもの、それが威光であり、強みである。

では、どのような内面が、このような強みを押し出すものとして理解されていたのであろうか。それはまず「死の覚悟」であり、また「道の自覚」である。

辱しめをうければ、たとえ喧嘩両成敗の法度があっても――法度のゆえに人を斬れば自らも死ななければならない――黙っていない武士、生命よりも貴い守るべきものを守るために「男道のきっかけ」をはずさない死を覚悟した武士を、人は容易に辱しめることができない。内面の「死の覚悟」が強みとして押し出されてくるのである。だが、太平となり儒教が浸透してきた時に、この強みは新しく捉えなおされた。

強は人に勝つをいへども、先づみづから我にかち私にかち、欲にかつを聖賢の強とす。我私にかつ時は其上《そのうえ》人に勝つ事必定なるべし。(『三徳抄《さんとくしょう》』)

これは林《はやし》羅山《ざん》(一五八三―一六五七)の言葉であるが、人欲に勝って人倫の道(聖人の道)を自覚した時に、そこに強みが押し出されてくるというものである。先にあげた悍窩の威光の理解もまた同じである。戦国武士が標榜した強みを、儒教の立場から新しく解釈したものである。しかし強み自体は一貫して標榜されつづけているのである。

太平の代において、強みは一層日常の場において求められてくる。『葉隠』は、

風体の執行《しゅぎょう》は、不断鏡を見て直したるがよし。是は秘蔵の事也。諸人鏡を能《よく》見ぬ故、風体わろし。口上の稽古は宿元にての物言にて直すこと也。文段の執行は一行の半紙に案文する迄也。右、何《いずれ》も閑《しず》かに強み有が能也。(「聞書」一)

という。武士は、日常の身なり、挙措、詞《ことば》、文章文字に強みがなくてはならない。その強みは内面

から押し出される強みであるから、まさに閑かな強みである。

『葉隠』は、戦国時代の「死の覚悟」の伝統をうけつぎつつこのように強みを説いたが、儒教的士道論を代表する山鹿素行《やまがそこう》（一六二二–八五）も、一身を正すには威儀（礼儀）を正すべきであるとして、威儀の威を説いて、

容貌より言語に至るまで、かるがるしからず、甚だおごそかにして、人以て可レ畏《おそるべき》の形也。（『山鹿語類《やまがごるい》』）

という。人をなれなれしく近づかしめない強みは、素行においても、身の持ち方、言語などきわめて日常的な場におけるあり方に示さるべきものであった。素行の士道論は、量的にはその大半を、この威儀の具体的な説明にさかれている。

ところで、幕末の昌平黌の儒者佐藤一斎《さとういっさい》（一七七二–一八五九）は、

甲冑は辱しむ可《べ》からざるの色なり。人は礼譲を服して以て甲冑と為さば、誰か敢て之を辱しめん。（『言志四録《げんししろく》』）

と喝破する。近世武士社会の強みの伝統を端的に語るものといえよう。

礼儀は封建社会の縦の秩序を維持するものであるという理解は一面においては正しい。また、元来戦闘員であり、腰に刀をさす武士の社会にあって、他者へのかかわり方としての礼儀が、一層きびしく説かれたことも考えられる。しかし、武士が主体的に礼儀をうけとめ、礼儀に生きる時、そ

れは礼儀正しくあることに武士としての強みを見たからである。礼儀は武士にとって辱しめを拒む甲冑であったのである。

独り立つ

さて、威儀を鎧《よろ》い、内外の誘惑をしりぞけ、辱しめの隙を与えない武士を、素行は、卓《たく》爾《じ》として独り立つ大丈夫として捉えた。たとえば素行は、

人として独立して不レ動の地位を不レ得ものは、たとひ今日の言行しばらく其の理にかなふが如くなるものも、ややもすれば惑ひて失ウ二本理一事、世以て多し。（中略）如何なるかを独立と云はんとなれば、彼の道徳仁義を以て内を正して、これに不レ合ことは不レ用不レ従して、而して後にまことの卓爾たりと云へるなるべし。（『山鹿語類』）

という。これが彼の武士の理想である。卓爾とは抜きん出るさまである。それは、他人に支えられて立つのではなく、自らのうちに自らの踏まえどころをもって立つことである。踏まえどころがあるがゆえに、内にきざす欲望からも、外からの誘惑、あるいは辱しめからも超え出て動ずることがない。また、小事に屈し小成に安んじない高遠な志、従容として万事をととのえる器量のひろさと力量のたくましさ、万人を包容する温かさと白玉の盃に氷をのせたような、いささかもかくれるところのない風情を兼ねそなえるものである。

武士の勝つことへの標榜は、強みの標榜につながり、そしてこの「独り立つ」ことへの標榜につながる。この「独り立つ」ことへの標榜は、福沢諭吉《ふくざわゆきち》（一八三五―一九〇一）らの標榜する「独立」につなが

る。少なくとも明治における独立の主張の素地は武士の「独り立つ」精神のうちに形成されたものである。

素行の独立は、佐藤一斎において、

士は独立自信を貴ぶ。

とうけつがれる。自信とは自らを信ずることである。一斎はまた、

士は当《まさ》に己れにあるものを恃《たの》むべし。

凡《およ》そ人は頼むところありて、しかる後、大業はあるべきなり。

動天驚地極大の事業も亦《また》すべて一己より締結す。(『言志四録』)

ということになる。卓爾として独り立つ主体は、幕末において、より能動的な主体として姿を現わしてくる。

この傾向は、志士吉田松陰《よしだしょういん》(一八三〇—五九)にさらに端的にあらわれてくる。

大丈夫自立の処なかるべからず。人に倚《よ》って貴く、人に倚って賤《いやし》きは大丈夫の深く恥《はじ》るところ。(『講孟余話《こうもうよわ》』)

他人によらず、たよらず、自らによってのみ立ち、行動する、それが自立であり独立であり、大丈夫たる者の第一の条件である。

松陰が草莽崛起《そうもうくつき》を唱えたことは有名であるが、それもまたこの自信独立の精神の押し出すところ

であった。

義卿《ぎきょう》（松陰）義を知る、時を待つの人に非ず。草莽崛起、豈に他人の力を仮らんや。恐れながら天朝も幕府も藩も入らぬ。只六尺の微軀が入用。されど豈《あに》義卿義に負くの人ならんや。（「書簡」）

他人の力をかりないのは、自らを信じ、自ら任じ、自らを貴ぶところがあるからである。

今吾輩断然自ら任ぜずんば、何ぞ後世に待つことを得んや。

今や賢を貴ぶ人なく、又自ら貴ぶ人なきは古今の変革。（『講孟余話』）

義卿随分自ら頼む所なきに非ず。（略）是《これ》義卿死すべからざる所以なり。（「書簡」）

松陰は、このように自負して、天下国家をただ自己一身の双肩に荷なって立つが、またさらに、

大抵国家天下之事、必ず吾れを待って然る後、局を了する様なれば、其人能く自立すと云ふべし。（『講孟余話』）

のように、単に天下を荷なって立つのみでなく、荷ないきった時に、はじめて自立したといいうるとすらいう。天下のために松陰が尽力するその実践は、それ自体が、彼が一個の武士としての真の自立への営為でもあったのである。次章にみるように、松陰は至誠に生きることを覚悟していた。自己の信ずるところを実践に移し、これに集中し、それを貫徹して成就するところに至誠を見た松陰は、まさに至誠に生きることに自立的自己の確立への道を見てとっていたといえよう。

戦国武士の伝統の中に形成された独立の精神が、強調されて幕末の志士をつき動かしていた。さらに、この幕末にたかまった独立の精神は明治に流れこんだ。福沢諭吉や内村鑑三の独立の主張は、武士のこの独立の精神の伝統をうけつぎつつ、これに新しい基礎づけを与えたものである。

幕末から明治へ

福沢はまず、

独立とは自分にて自分の身を支配して、他に依りすがる心なきを云ふ。（『学問のすゝめ』三）

という。このように独立を捉える限り、この独立は武士の独立と変わるところがない。ただ福沢は、独立を「権理通義」(right) の実現として位置づけ、自分の生命財産そして名誉を自分自身で守ることとした。この「権理通義」の導入は、まさに西欧との接触によって彼がうけとめたものであって、武士の伝統の中にはなかった。武士にあったものは死の覚悟であり、あるいは道の自覚であった。したがって、その独立も、死をおそれない、また自ら道に生きる人格の形成であった。このように武士と福沢は、ふまえどころを異にし、したがってまた独立の内容を異にした。しかし、自分で自分の身を支配するという「独立の気風」においては変わるところはない。

福沢は、

今や封建の制度は廃したりと雖《いえど》も、子供の養育に付ては、家風を重んずること昔年の武家の如くにして、始めて品格を維持して誤ることなかるべし。（『福翁百話《ふくおうひゃくわ》』）

といい、生い育った福沢家の家風について、

自家の家風を一種特別のものとして、恰《あたか》も自信自重の城廓を構へ、周囲の陋習《ろうしゅう》をみながら下流社会の常態とみなして歯牙にかけ(ず)。

という。これは、武家の家風の内容自体を説明するものではない。しかし、自家の家風を自信自重、おらが城廓として守るべしとする姿勢そのものが福沢の標榜した武家の家風を語っている。福沢には、おらが城廓を守る武士の姿勢が流れこんでいるのである。そこで、彼はさらにはっきりと、

唯《ただ》真実の武士は自から武士として独り自から武士道を守るのみ。故に今の独立の士人も、其《その》独立の法を昔年の武士の如くにして大なる過なかるべし。

ということになる。福沢のいう「独立の気風」は、まさに武士の「独立の気風」をうけつぐものであったのである。

内村鑑三《うちむらかんぞう》(一八六一―一九三〇)のキリスト教がきわめて武士道的色彩をもつことは周知のところである。彼のキリスト教が武士道の台木の上に接ぎ木されたものであることは自ら認めるところである。彼は、

正に一人の武士の子たる余に相応《ふさわ》しきは、自尊と独立である。権謀術数と詐欺不誠実との嫌悪者たることである。(『代表的日本人』)

という。

このように見てくると、日本の思想で西欧近代の個我の思想に最も近いものは、武士の独立の思想であったということになる。しかしまた、ここで注目しておかなくてはならないのは、武士の独立の思想が、勝負の構えにおいて、対峙的人倫観のもとに説かれたということである。さらにいえば、すでに述べたように、自らを持する武士は、対峙する他者を敬うべきものと捉えていたということである。ここで、自らの独立性を強く打ち出してきた時、対峙する他者をいかに捉え、自他の関係をいかに理解したかということが問題になる。

人は人たり我は我たり

まず、一般的に、これまでも指摘されてきたことにふれておく。それは、それぞれが自信自重また自負しておらが城廓により相対峙する武士相互に、協議協調が容易になりにくかったということである。このことを端的に指摘した文章がある。

士族一般の気象習俗に於て協力結社するをば肯《がえん》ぜざるを必す。何となれば（中略）夫れ武を講究するや対敵勝敗を争競するの事、家禄の供給あるや、曾《かつ》て他人に依憑するを要せず。故に一家は自から一家の特例を尊守する者あり。此習い性となり、今恒産を興さんとするも、其営業の着目は、茫々方向を得ざるも、又他に依り他に結びて協力するを欲せず。故に農をなし商をなす、必ずや独立独断非常の利益を得て他に誇らんと欲するのみ。（島邨《しまむら》泰『立会就産考』明治七年）

この著者は、一面において「士族の気習習俗独立独断して他に依らざるは、将来民権振起し開化進歩するの元質也」と認めている。しかし株式会社運営の精神に、士族の気象は大いに欠けるところがあるというのである。

社会生活の場におけるあらわれとして、同時代人の右の指摘は相当重大なことである。武士的精神の伝統における協議協調の精神の欠乏は認めなければなるまい。しかし、これが武士のすべてではない。他の側面から光をあてれば、武士の伝統は、人は人たり、我は我たり、という、自他それぞれの独立性を認める精神を形成しつつあったと思われる。なお「爾《なんじ》は爾たり、我は我たり」は、もとは『孟子』の柳下恵《りゅうかけい》の言葉である。

幕末の佐藤一斎の言葉に、

古の学者は己が為にすと、故にその言もまた固《もと》より己の為にし、また己に在るものを以てこれを人に語るのみ。これを強《し》うるに非ず。今の立言の者はこれに反す。(『言志四録』)

というものがある。一斎は、甲冑を鎧うように礼儀を鎧うことにおいて己れを持することを説いた儒者であったが、自分の考えを他人に強いることをはっきりと否定する。他者の存在を認めるものといえよう。吉田松陰は『孟子』を評釈した『講孟余話』に、「余尤《もっと》も柳下恵の行を愛す」として、

其の人を待ち物に接するは甚だ寛容にして、自ら処するところは甚だ厳密なる、是れ柳下恵の行なり。

という。「人は人たり、我は我たり」の松陰の受けとめ方といえよう。松陰は、遺言書の『留魂録《りゅうこんろく》』

にも次のように述べている。

　義卿三十、四時已《すで》に備はる。亦《また》秀で亦実る。其の秕《しいな》たると其の粟《ぞく》たると吾が知る所に非ず。

秕とは実らない米である。松陰は、自ら信ずるところに生きた。そして今、死をむかえている。だが松陰は、自己に対する評価は、他人のするところであって、自分の知るところではないという。松陰は、他人がいかに評価するとしても、自らは自らの生き方を信じて死ぬ。しかし他者の存在を認める。だから、秕たると粟たるとを知らずというのであろう。

　この姿勢は、諭吉が、旧幕臣が明治政府に仕える変節を批判した『瘠我慢《やせがまん》の説』の公刊にあたって、そこで批判の対象とした人物、勝海舟《かつかいしゅう》（一八二三―九九）にあらかじめ公表方についての意見を求めた時に、海舟のとった態度にもあらわれている。海舟は、

　行蔵《こうぞう》（進退）は我に存す、毀誉《きよ》は他人の主張、我に与《あず》からず我に関せずと存候。各人え御示し御座候とも毛頭異存無レ之候。

と答えている。自らは信ずるところを生きる。毀誉は他人の事であり、我の関知するところではないというのである。毀誉する他者の存在をしかと認めつつ、自分は自分の生き方を生きるというのである。

　諭吉も「独立は吾れに在て存す」を説いて、

　唯深く心の底に蔵《おさ》めて自ら守るまでの主義にして、其心の寛大なるは大海の物を容るるに異

ならざれば、人に向って多く求めず、人は人たり、我は我たり、苟《いやしく》も人の来りて我独立を妨げ又これを妨げんことを試るに非ざれば、悠々として交ること甚だ易し。(『福翁百話』)

という。ここには「人は人たり、我は我たり」という言葉が引かれている。諭吉のこの姿勢は、悪くゆけば無頓着となる可能性があるが、彼はまた、

苟も独立して他に依るの必要なければ独尊尚ほ恕《ゆる》す可しと雖も、其独尊子が動《やや》もすれば、交際上に人を蔑視し、人に無礼して自から名誉なりと認めるにいたりては、沙汰の限りと云ふ可し。(同上)

という。「人は人たり、我は我たり」は、精神の緊張をはらむ言葉として受けとられていたのである。

しかし、「人は人たり、我は我たり」という考え方を、思想的にもっとも実りあるものとして示したのは内村鑑三である。札幌に独立教会を設立した時、彼は、

われわれは、主がこれらの特殊性を神聖なものとして維持することを望みたもうと信ずる。(『余はいかにしてキリスト信徒となりしか』)

としたが、さらにはっきりと次のようにいう。

知恵の無限の土台岩全部の上に位置を占め、またそれを占拠するには、人はあまりにも限られた者である。人のなし得ることは、この岩の小さな一隅《いちぐう》に身をおくことのみ。その一隅に

さえ取りつけば、ただちに落ちついて安らかになることが出来る。――この岩はそれほど強いのだ。これが、異なる教派の存在していること、またその一つ一つが成功していることの説明である。

ここには、西欧に見られたような宗教戦争に至る発想はない。異なる教派への寛容がある。それを鑑三は、われわれは真理の一隅にしか立ちえないと捉える。彼は独立を強調した。だが、われわれは一隅にしか立ちえないというのである。

遺稿「絶対的宗教」によれば、「宗教は絶対的である。相対的でない」と書き出しつつ、かく言いて他宗(鑑三において他宗のうちに仏教も含まれる)はことごとくこれを排斥せよというにあらず。寛容は、絶対的宗教の特質であらねばならぬ。他は他たり、われはわれたりである。われはわが宗教をもって充ち足れる者である。他宗をもってこれを補うの要なし。これはわれわれにとりて比較以外のものである。あたかも一夫一婦の規定のごとしである。

という。これは、「正に一人の武士の子」と自負する鑑三の発想である。鑑三はまた「ただ誠実を以て自己の信仰を実にせんとする者には、敵といえども」「尊敬する寛容の精神」(「寛容の精神」)を持たなければならないという。自らを信ずる。だが同時に「他は他たり、われはわれたり」である。われわれは真理の、したがって天地の一隅にしか立ちえないのである。一斎・松陰・海舟・諭吉らの姿勢にも、この鑑三の自覚にまで高まるものを含んでいたといえよう。しかしてこれは、対峙的人倫観のもとに独り立つことを追求してきた武士が、結実させた一つの日本人の心である。

「他は他たり、われはわれたり」という一隅に立つ姿勢は、武士の伝統が結実した一つの銘記すべきものであるが、実は、日本人一般の心の中にも、ここにつながるものが流れてきたことを認めなければならない。その最もあらわなのは道元である。道元は、その『正法眼蔵《しょうぼうげんぞう》』の「葛藤《かっとう》」の巻に、達磨《だるま》と四人の門人との問答をとり上げる。それは、達磨が門人四人それぞれに修行において得たところを述べることを求め、まず甲が答え、達磨がこれに「汝、吾が皮を得たり（汝得吾皮）」といい、乙が答え、達磨が「汝、吾が肉を得たり」といい、丙が答え、達磨が「汝、吾が骨を得たり」といい、丁が答え、達磨が「汝、吾が髄を得たり」といったという話である。

丁は二祖慧可《えか》であり、従来この話は、四人の門人の悟るところには深浅があり、慧可の見解のみがわが真髄を得たものとして是認され、印可（悟りの証明）が与えられたものとされてきた。ところが道元は、四人の見解に優劣のあることは認めつつも、皮も肉も骨も髄も「汝得吾」において変わるところなく、それぞれが達磨によって「吾」を得たものとして是認されたものとする。道元は、仏法の真理は言葉によって言い取られなければならないと考え、「道取《どうしゅ》」「道得《どうて》」を強調したが、道取する（いいとる）仕方はただ一つあるのみでなく、道取する者によってさまざまであると考える。四人の門人のあるところ四つの道取があり、千人あれば千通りの道取があって究まり尽きるところがないという。すなわち絶対的真理は特殊においてのみ捉えられるという理解がここにある。だから、真理を体得することは特殊性を撥無《はつむ》した絶対を求めることではなく、すなわち、われと他との葛藤をたち切ることが真理を体得することではなく、葛藤を葛藤としてうけとめることが真理の体得であった。道元のこの自覚は、

大悟を面授し、心印を面授するも、一隅の特地なり。(「面授《めんじゅ》」)

と捉えられる。われわれは真理に、その一隅においてのみふれうるのである。この道元の考え方は、ほとんど鑑三のそれにつながっている。

この道元の思想も、一般の日本人の心の底に流れるものと遊離したものではない。高度に理論化された思想もこれを生み、これを支える土壌がなくてはならない。

早く、聖徳太子の作と伝えられる『十七条憲法』に、

我必ず聖《さか》しきに非ず、彼必ず愚に非ず、共に是れ凡夫《ただびと》ならく耳《のみ》。

とある。自己の絶対化をたしなめるものである。仏教が流布するにしたがい、一切衆生悉有《しつう》仏性《ぶっしょう》、一切の生きとし生ける物は仏になる可能性をもつという考え方が広く浸透していった。このような考え方が浸透するところ、そこには常に、生きとし生ける物に対する尊重敬意の念が養われたであろう。この他者への尊敬の心情からは、少なくとも自己の絶対化は生まれてこない。

『十七条憲法』には、また「和を以て貴しとなす」とある。この和の尊重は、共に凡夫のみとい

う意識につながっている。一章において、この和の尊重をも一つのあらわれとする日本人の人間関係を重視する傾向を考えたが、人間関係を重視する傾向から自己の絶対化は生まれない。むしろ、他者への随順の傾斜があらわれる。共に凡夫のみの教えは耳に入りやすいものである。

ところで、近世に入って人倫重視の傾向は一層強められたのであるが、その中で町人の営利活動の理念づけが求められたとき、心学者石田《いしだ》梅岩《ばいがん》（一六八五―一七四四）は、

実《まこと》の商人は先も立ち、我も立つことを思ふなり。（『都鄙《とひ》問答《もんどう》』）

という考え方をもってこれに答えた。これは当時の、営利活動を卑賤視する考え方、例えば、

蓋《けだ》し利を求むる者は人を害す。人を害せずして己れを利するものは未だこれあらざるなり。
（貝原益軒《かいばらえっけん》『慎思《しんし》録《ろく》』）

などという考え方に対して主張されたものであり、明治の実業家渋沢栄一《しぶさわえいいち》（一八四〇―一九三一）の「道徳・経済合一説」にもうけつがれている。日本的な営利行為の理念づけとして注目されよう。ところで、ここに、この梅岩の考え方を紹介したのは、人間関係を重視する精神的土壌に、その関係を破壊する可能性をひめる営利を追求する利己心が頭をもたげてきた時に、人間それぞれの利己心を認めつつ、それを共に満たす新たなる自他のかかわり方が見出されているという点である。直接的な人間関係を重視する傾向が、それをこえて、自と他とを一度は引き離しつつ、先をも立て我をも立てる「双方ともに宜《よろ》しき」かかわりに高められているということである。このような、町人社会にあら

われた動きを見ると、基本的には同じ土壌に生きる武士が、対峙において自他を捉える時、自己の独り立つ存在性とともに他者の独り立つ存在性に敬意をもって接する精神を養い育てたことも納得されてこよう。「他は他たり、われはわれたり」という姿勢、さらに、われわれの捉える真理は絶対的ではあるが、なお、われわれのふれる真理は真理そのものの一隅であるという精神は、人間関係を重視する心が、対峙の生の中に捉ええたものであろう。

しかし、「他は他たり、われはわれたり」、あるいは、人間は真理の、したがって天地の一隅にしか立ちえないという考え方は、さらにさかのぼれば、日本人の多神教的な八百万《やおよろず》の神的な考え方にもつながるものがあろう。日本の神話には究極神がなかったことがしばしば指摘される。日本の神話における究極神は不定の神であり、不定そのものであるといわれる。日本人の心には、究極はそれ自体においては捉えられないという考え方が強く流れていた。八百万の神々を問題とするように、日本人には、有限的なもの特殊的なものにおいてのみ絶対にふれうると考えるものがあるようである。これらについては、八章で改めてふれるが、このような日本人の心の底辺に流れる八百万の神的な考え方が、道元の思想につながり、また対峙的な生の体験の中で、「他は他たり、われはわれたり」という一隅に立つという自覚を押し出すことになったとも考えられる。武士の到達した世界は、対峙的人倫観のうちに結晶された日本人の心の一つのあり方である。

この章では、一章をうけて武士の人倫観の特異性を指摘して、これを対峙的人倫観と捉えた。またそこから生まれた独立の精神の、西欧の近代的人間観受容の素地の形成としての意味を考えた。しかし、最も問題にしたかったのは、武士の精神が「人は人たり、我は我たり」に結晶していったことである。武士についていては、その死生観が注目されるが、これは六・七章でとり上げる。

小説・テレビにしきりに武士が登場するにもかかわらず、武士的精神の学問的究明が今日学界においてほとんど行なわれていないのは研究者の怠慢である。武士に関心をもつ者がまず一読すべきものは、和辻哲郎氏の『日本倫理思想史』(岩波書店)の武士をとり上げた各章である。さらに、奈良本辰也氏の『武士道の系譜』(中公文庫)など一連の仕事がある。

石田梅岩については、古田紹欽・今井淳編『石田梅岩の思想』(ぺりかん社)がある。

三章　純粋性の追求

至誠にして動かざる者未だ之れあらざるなり。此の語、高大無辺の聖訓なれど、吾れ未だ之を信ずる能わざるなり。此の度、此の語の修行仕るつもりなり。

——吉田松陰

一章では、人間関係を重視する傾向をとり上げて、その人間関係の捉え方を問題にした。二章では、武士の人間関係の捉え方の特異性にふれた。ところでここでは、このような人間関係の理解のもとにおいて、その人間関係を十全に生きるべく、日本人がいかなる生き方を自らに求めてきたかを考える。日本人が自らに求めた生き方の、もっとも基本的なあり方の問題である。日本的な倫理の基本的な性格といってもよい。

結論を先どりしていえば、それは心情の純粋性、無私性の追求であったといえよう。このような理解は、すでにしばしば指摘されており珍しいことではない。しかし、今なお、さらにあらためて十分に検討されなければならない問題を残している。特に、このような伝統的な倫理観が、今日のわれわれに投げかけている問題について、慎重な検討がなされなければならない。

ところで、人間の生き方について基本的な自覚は、民族によって異なるものがある。世界史の代表的な民族をみると、歴史のはじめから、ギリシア人やインド人は宇宙を貫く理法の実現を考え、ヘブライ人は、人格的な神の命令としての律法の実現を考え、中国人は、天の道の地上での実現を考えている。これらはいずれも何らかの客観的な理法・規範の存在を認め、それに従い、それを実現することを人間の生き方の基本とするものである。ところが、これに対して日本人は、歴史のそのはじめから、ひたすら主観的な無私清明な心を追求し、それを十全な人間関係を実現する倫理として捉えてきた。客観的な理法・規範を追究する姿勢は、今日なお、十分な成熟を見ないでいる。

ひたすら心情の純粋性を追求する日本人の倫理意識は、諸民族との比較においてきわめて特殊なものであることが理解される。われわれは、今日、この特殊な伝統をいかに受けとめるべきかという問題をかかえているのである。しばらく、伝統的な純粋、無私の追求の姿勢を考えた後に、この「問題」にふれていこう。

伝統的な純粋、無私の追求は、今日は、おもに「誠実」という言葉で捉えられている。今日、われわれの倫理観はきわめて混沌としており、万人が認める倫理を見出すことは容易ではないが、しかしその間にあって、「誠実であること」に異議を唱えるものはあるまい。しかもさらに、誠実は、倫理的には、「誠実でありさえすればよい」と切り札的な権威をすらもって、しばしば受けとられている。このように言うことが許されれば、伝統はわれわれの核心になお生きているのである。われわれは、われわれのいうところの「誠実」とは何かと問わないではおられないのである。

誠実、あるいは誠という言葉で生き方の核心をおさえることになったのは、さほど古いことではない。おもに近世以降のことである。しかしそれは、近世以前から、さらにいえば歴史はじまって以来、日本人が求めつづけてきた心である。古くは「清き明き心」として捉えられ、中世においては「正直《せいちょく》の心」として捉えられていた。そしてそれが近世以降において「誠」さらに「誠実」として捉えられたのである。捉える言葉がちがうように、「清き明き心」と「正直の心」と「誠」とが、まったく同じ心であるということはできない。時とともにある変化を示している。しかし、変化の底に、それを貫くものがある。貫くものをわれわれは明らかにしなくてはならない。

清き明き心

『万葉集《まんようしゅう》』には「清」という字がしきりにあらわれる。万葉人は「彼等の祖先から清なる何ものかを享受し」「生活それ自体が特に清なる性格を有って」(高木市之助『吉野の鮎』)いるといわれる。清は、「きよし」あるいは「さやけし」と訓まれるが、おもに山・川・月あるいは地名の形容として用いられている。

一例を引いてみよう。

……み吉野の　秋津の宮は　神柄《かみがら》か　貴くあるらむ　国柄か　見が欲しからむ　山川を　清《きよ》み清《さや》け

みうべし神代ゆ　定めけらしも

反歌

毎年《としのは》にかくも見てしか　み吉野の清き河内《かうち》の　激《たぎ》つ白波　（笠朝臣金村《かさのあそみかなむら》作）

この「清み清けみ」は、単に山川の美的清涼感をいうものではない。山や川が清らかですがすがしいので、なるほど神代の昔からここを天皇の貴い御殿とお定めになったに違いないと思われる、という歌の意味をみても、「清み清けみ」なる山川は、神さびた御殿があるにふさわしい、それ自体、神さびた貴い聖なる山川として受けとめられていたことが知られる。平野仁啓は、「山川の清き河内」などという表現は、神座としてその土地をほめたたえる常用の詞章であったという（『古代日本人の精神構造』）。清き山川とは、神聖なる自然なのである。

「清」が、神さびた貴い聖なるものを形容する言葉であると知ると、古代の日本人が罪穢《ざいえ》をそそいだ禊《みそ》ぎ祓《はら》いのことが思い出されてくる。『大祓』の祝詞《のりと》には「祓い給い清め給う事を」とある。清めるは罪穢を清めることであり、ここでも「清」は清められた神聖なあり方を指すことになる。山川の「清み清けみ」と禊ぎ祓いの「清」とは通じているのである。清められた心身は、清らかなさやけき山川と一体的なのである。ここから大伴家持《おおとものやかもち》（七一八？―七八五）が、

うつせみは数なき身なり　山川の清《さや》けき見つつ　道を尋ねな

と歌ったことも理解されてくる。

ところで、清明は、神話においては、天照大神《あまてらすおおみかみ》と須佐之男命《すさのおのみこと》が高天原においてうけひ（祈誓ひ）をする一段にあらわれてくる。すなわち、命の高天原にのぼりくる態度が荒々しかったので、大神は「必ず善き心ならじ」と疑い、命は「邪《きたな》き心なし」「異心《ことごころ》なし」と弁明する。大神が、しからば「汝の心の清き明きは何して知らむ」と問いかけ、うけひによって、命の心はあかしされ、命は「我が心清く明し」とかちほこるというものである（『古事記』）。ここでは清き明き心とは「異心」なき心である。それは二心なき心ともいえよう。かくすところのない透明な心ともいえよう。

『万葉集』に、

水底《みなそこ》の玉さへ清《さや》に見つべくも　照る月夜かも　夜のふけゆけば

という歌があるが、この透明感がまた清なのである。

聖なる自然と一体の穢のはらわれた心は、人間関係においては二心のない心としてある。古代の日本人は、このような心をひたすら求めた。そして、二心のない、私心のない透明な心となる時、そこに人倫の和合が実現されると考えたのである。

このように日本人は、その歴史のはじまりとともに、ただ、いわば聖なる私のない心を求めた。このひたすらなる心情の純粋性の標榜は、根強い伝統として後代にうけつがれていくものとなった。

さて、「清き明き心」の尊重は、やがて「正直《せいちょく》の心」の尊重に移行してゆく。この移行は、文武帝から光孝帝までの、現存する即位宣命《せんみょう》において臣下に要請した心の持ち方の表現の移行に示されている。桓武帝（七三七―八〇六）以前の即位の宣命は、臣下に要請する心として、清き心・明き心をおもに掲げている。ところが、桓武帝以後になると、それが定型化されて「正直の心」と捉えられることになる。この正直への定型化は、天皇の国法による統治という思想が定着化してきたことと並行するものであり、清明より正直への転換は、端的な心情の純粋性ではなく、さらに臣下に法への随順の姿勢を求めたためであると思われる。要請された内容の転換が、言葉の転換となったと思われる。正直はこのように、何らかの法《のり》とのかかわりのある心性として登場してきたのである。

ところで、右の即位宣命の正直も、それをうけて中世に盛んに説かれた正直も、今日いう正直とはいささか内容が異なる。訓みもまたセイチョクとよまれていたが、その内容は、今日の用法でいえば、子供の目は正直であるといった正直である。すなわち、事態の真実を捉える心といった内容をもつものである。正直は、中世においては、単に臣たる者の心の持ち方のみでなく、人間一般の基本的な徳目とされ、特に神道において重視されることになる。

中世の正直の理解を端的に示すものは、『神皇正統記《じんのうしょうとうき》』（北畠親房）の、三種の神器の一つである鏡を説明する文章である。

鏡は一物をたくはへず、私の心なくして、万象をてらすに是非善悪のすがたあらはれずと云ことなし。其すがたにしたがひて感応するを徳とす。これ正直の本源なり。

この文章によれば、正直とは、①根本においてまず私のない心である。だが同時に、②無私なるがゆえに、状況状況における是非善悪をあきらかに捉える心である。『正統記』は他の個所で、「境々に対すること（中略）明々としてまよはざらんをまことの正直と云うべきなり」といっている。さらにまた正直は、③その捉えた是非善悪に即して行動する心でもある。

このように、正直も、無私、心情の純粋性を根本とする。しかし正直は単なる無私ではなく、その無私無欲は状況状況の是非善悪を捉え、そこに生きる心としての無私無欲である。したがって、『正統記』はまた「正直の中に慈悲決断あり」ともいう。無私無欲としての正直は、是非善悪の決断、慈悲、したがってまた情《なさけ》の根本に求められるものであったのである。

状況における是非善悪を、中世の人は道理不道理と捉えていた。正直は中世においてはこの道理に対応する心である。即位宣命において、正直が法との対応をもつものとして現われてきていたことも、正直の基本的性格の一つをすでに方向づけていたものとして理解される。しかし、ここで特に注目しておくべきことは、中世において道理そのものをあらかじめ追究する姿勢が生まれなかったことである。この点は、次章でとり上げるが、中世の人々が、道理にかなった生き方を求める時、彼らはひたすら自己の内面の無私性としての正直の心の確立を求めた。無私になればおのずから道理に生きることになると理解していた。彼らの努力の焦点は無私の確立に向けられていた。道理を問題にすることにおいて、「正直の心」は「清き明き心」と非連続であるが、内面の無私性の確立をひたすら求めることにおいて、両者は明らかに連続している。

なお、正直は、「正直の頭に神やどる」という仕方でしばしば登場する。これは正直が神に随順する心であるということを意味するものではない。八章で改めて述べるように、正直は根源的には天地と一体の心である。その意味での無私な心である。天地と一体の心になる時、神もまたこれを守るというのが「正直の頭に神やどる」の内容である。これは清き明き心が一面において聖なる自然と一体の心であったことにつながる。

以上のような清明から正直への伝統をうけつぎ、その心情の純粋性・無私性の標榜に新たなる内容を与えたのが近世の「誠」である。

誠の儒学　「誠」は中国に生まれた儒教の一つの重要な概念であった。このようにいうと、近世において誠が重視されたことは、中国の儒教の影響であって特筆に値することではないことになる。特に、近世の日本人が誠を重視したところに、日本人の心を見るなどということはできがたいことと思われてくる。しかし、やはり誠の重視は日本の特色なのである。儒教には、いろいろな重要な概念があった。そのうちから特に誠を重要な、最も基本的な概念として引き出したのは、日本人の仕事であり、ここに日本的な特色を見ないわけにはいかない。

この点を少しくわしく考えてみよう。春秋戦国から漢代のはじめにかけて、経書というさまざまな儒教の原典が生まれた。それ以後は、このさまざまな原典の思想をいかに統一的・体系的に理解するかということに力が注がれていった。そしてそこに、いくつかの儒学が生まれた。中国の儒学の代表的なものは宋代の朱子学であり、また明代の陽明学である。ところで朱子学は、理を究めることとその理に則して敬《つつしみ》を持すること、すなわち究理と持敬を二本の柱とする思想であった。陽明学は、先天的な価値判断の能力としての良知を説き、その良知を致すことを根幹とする思想であった。儒教の原典、特に『中庸』などに誠は一つの重要な概念として登場していたが、しかしこのように、中国の後代の儒学には、誠をその儒学の根本として説くものはなかった。

ところが、近世の日本には、誠を思想の根幹にすえる儒学が生まれた。しかもそれが、近世の日本儒学の伝統の基本的な傾向としてうけつがれることになった。武内義雄は、つとに中国には敬中心および「致良知」中心の儒学が生まれたが、誠中心の儒学は生まれなかった、誠中心の儒学の誕生こそ、まさに日本的儒学の誕生であると指摘している（「日本の儒教」）。まことに的確な指摘といわざるをえない。

誠中心の儒学の誕生は、日本人が、いかに誠という概念のもつ内容に共感するところがあったかということを示している。それは、近世の日本人の伝統的な素地が、誠を選ばせたのである。この意味において、誠中心の儒学の誕生は近世において突如として起ったものではないのである。なおまた、日本人が、誠をとり出した時、その誠の内容は、中国の誠そのものではない。そこには、日本人の伝統的な考え方・感じ方が読み込まれていた。誠を基本的概念として据えること自体に、その変容はすでに起っているのである。

近世もその初期においては、朱子学や陽明学が、より直輸入的な仕方において説かれていた。しかし、それが単に武士階層のみならず、それをこえて一般の庶民にまで浸透してゆくと、人々が、己れの生の体験をふまえつつ聖人の教えの理解を試みることになった。当時の彼らにとって、聖人の教えは真理を語るものであったから、彼らは、己れの生の体験の中で、儒教に導かれつつ真理を求めたのである。この時、朱子学や陽明学が納得のいかぬものとして映りはじめた。そしてその中から、聖人の教えを、朱子学や陽明学を介せずに、直接その原典にあたって捉えようとする運動が生まれてきた。この復古運動を総称して古学というが、誠を重視する思想は、この古学者の中から生まれてきた。

その後、さまざまな曲折はあるが、誠を重視する傾向は、時とともにたかまり、幕末の志士においては、ひたすら「至誠」が強調されることになった。このように、誠重視の傾向には、近世の日本人の心が反映しているのである。

さて、誠を重視する傾向の端緒をひらいたのは伊藤仁斎である。彼は、京都の町家の出身で、出仕することなく私塾の古義堂で門人を教育した。はじめ朱子学から出発したが、古学を提唱して、『論語』を「最上至極宇宙第一の書」とし、『孟子』を『論語』の注釈として重んじた。この論孟において聖人の教えを捉え、その実践倫理の根本として捉えたのが、一章でも指摘した「忠信」であった。仁斎が、誠を重視する傾向の端緒をひらいたとするのは、この忠信の強調にある。忠も信も

「まこと」である。また時に、彼は忠信を誠実とおきかえている。

さて、仁斎は、先に述べたように朱子学を否定した。すべてのことに「当《まさ》に然《しか》るべきの理」があり、これにつねにつつしみ則《のっと》るべきことを主張する朱子学を、仁斎は、

理によって断決すれば、則《すなわ》ち残忍刻薄の心勝ちて寛裕仁厚の心寡《すくな》し。(『童子問』中)

と否定した。理を重んずる立場は、仁斎によれば、例えば、善を善とし悪を悪とする立場であり、残忍刻薄であり、聖人の教えるところではない。聖人は、善を長じ悪を短ずる。聖人には「三赦三宥」があり、つねに刑をあわれみ減ずる。この寛裕仁厚の心においてのみ、世の中ははじめて治まると仁斎はいう。

当然の理を規準として、「一の理の字を以て天下の事を断じ」、善を善とし悪を悪とする理を重んずる立場に対して、この、善を長じ悪を短ずる仕方こそ聖人の教えるところの「道」であるという。朱子学において理と道とは同じものであったが、仁斎は理と道を区別して道を強調する。道は、人倫を生々化々たらしめる行為のあり方である。内容的に彼はこれを「仁義」と捉えた。

ところで、この仁義に意志的に則して生きることを仁斎が求めたかというとそうではない。仁斎にいわしめれば、意志的に仁義に則って生きるなどということは、人間にはできがたいことであった。

仁は徳有る者に非ずんば能わず。(『童子問』上)

である。仁斎が、「力行の要」として、人々に意志的に日々の行為において生きるべき生き方として説いたものは「忠信」であった。人々は忠信に生きる時にのみ、道に近くありうるのである。さらにいえば、忠信に生きることそのことが、まさに天地人倫の生々に参与することであった。忠信は誠実ともいいかえられる。事にあたり人に対して誠実であることが、とりもなおさず、仁（愛）に生きることであり、宇宙に参入し、その生々に参賛することでもあったのである。

忠信は、人に接する時、あるいは事を為す時、「欺《あざ》むかず詐《いつわ》らず、十分真実」（『童子問』上）であることである。人に接する時に、偽り飾ることなく、表裏なく純粋な心でかかわること、事をなす時にも純粋な心で精一杯にかかわること、それが忠信であった。仁斎は、われわれが日々意志的にかくあるべく努めるべきことは、この忠信であるというのである。ところで、この忠信の姿勢は、

忠信以て地と為《なし》、篤敬以て之を守り、恕《じょ》以て之を行う。（『童子問』下）

というように、敬恕において守られるべきであった。篤敬は、人を敬い事において慎重であることである。恕とは、人の心をはかり、寛宥であることである。忠信はこの敬恕として働くべきものであった。しかし敬恕の根底に忠信たる誠実がなくてはならず、忠信こそ主とすべきものであった。

彼は、

後世あるいは持敬をもって宗旨とし、あるいは良知を致すをもって宗旨とし、いまだ忠信をもって主とすること有らず。（『語孟字義』下）

と、忠信を重視する主張が、きわめて新しいものであり、はじめて聖人の教えの真実を捉えたものであることを自負する。「まこと」を重視する考え方は、このように、この仁斎において、はじめて思想として結晶してきたのである。

「まこと」の登場はかくて、朱子学の当然の理に則るという考え方を排除する中に登場してきたものである。ひたすら他者に対して偽り飾ることのない心情の純粋さを内容とするものである。ひたすらなる心情の純粋さの標榜の中に、「理」の介入する余地はない。これは「まこと」の性格を考えるうえに重大なことである。例えば、今日、誠実と訳される Wahrhaftigkeit は、常に真理を離れぬ、真理に対する誠実さを意味する。しかし、われわれのまこと・誠実は、人・事に対する誠実、ひいては、自己の心情に対する誠実である。ただひたすらなる純粋を標榜するものである。

仁斎においても、「道」の内容をあらかじめ理解しておく必要が認められてはいる。さらに忠信に生きる時に、その知識が生きた知識となってくることが認められている。しかし、実践においては、端的に忠信であることが求められる。人に対する、事に対する心情の純粋さそれ自体が求められたのである。

仁斎が、まさに理の排除において忠信を説いたということは、誠および今日の誠実の性格を決定的に方向づけるものである。方向づけるというよりも、ここに誠および誠実の性格の基本が、明確に呈示されているといった方がよいかもしれない。このような忠信の強調には、畢竟《ひっきょう》するところ、人間や世界の本質についての知的な、客観的な反省の必要性を認めるものがない。ただ、人にかかわる、あるいは事にかかわるわれわれの心情が、無私であり、その意味で純粋であることを求める。それはいわば自らの心情への誠実さをもって、生き方の根本とするものである。このような誠や誠実を基本として生きるところには、人間や世界の本質を客観的に追究する姿勢は生まれてこない。そのようなものを必要としないのである。

例えば、今日、人格の尊厳、人命の尊重が説かれているが、本章の終りに述べるように、それらは、いまだに単なる知識にとどまり、真にわれわれのうちに生きたものとなりかねている。それは、われわれが、ひたすら心情の純粋さを切り札的に重視する伝統のうちになお生きているからであって、その限りにおいて、人間の本質を客観的に捉えようとする内的な必然性がわれわれのうちに熟していないからである。なお、革新的に社会理論に誠実に生きようとする人々にも、この伝統がしのび込んでいるように思われる。すなわち、理論に生きようとする自らの心情への誠実さ、その心情の無私性や純粋性の標榜へのすりかえが、革新的な人々のうちにもしのびこんでいるように思われる。究理の排除において忠信を説いた仁斎の思想は、このように、今日のわれわれのあり方に、基本的な問題を投げかけているのである。

なおまた、仁斎の忠信の主張は陽明学の致良知の主張とも異なる。陽明学は、心即理の立場をとり、是非善悪を判断する先天的な能力としての良知を認め、その発動・充実を説く。だが、仁斎の忠信の主張は、そのような是非善悪を判断する能力の存在を前提としていない。ただ心情の純粋さを求めるものである。これを今日的に受けとめれば、「良心」という考え方の風化となろう。良心を日本人が問題にしはじめたのは明治以後のことであり、そこには西欧思想の影響が認められるが、西欧の良心を受けとめる前提には陽明学の良知があったと思われる。ところが、この良心が「良心的にふるまおう」などと用いられる時、善悪を判断する能力の内在の意識は稀薄化されてくる。良心的と誠実とは、ほとんど重なってくる。ここにも「まこと」の伝統が根強くわれわれのうちに流れていることを思わしめるものがある。

忍びざる情

ところで、仁斎とほぼ同時に同じく復古を説いた山鹿素行も「まこと」を強調した。彼において「まこと」は忠信としてではなく、「誠」と捉えられている。この素行の誠の主張において、特に注目すべきことは、

已《や》むことを得ざる、これを誠と謂《い》う。（『聖教要録《せいきょうようろく》』）

という理解である。誠は「已むを得ざるの情」、またその意味での「自然の情」である。仁斎の理解とこの素行の理解を一つにすれば、他者への誠実は、心の底よりの抑えがたいものとしてあるべきであるということになる。それが誠であるということになる。誠は、仁斎における忠信的性格に、この「自然の情」の性格を加えて展開されていくことになる。忠信において、すでに究理の排除という仕方で知的な性格が排除されていたが、誠を「自然の情」に徹することとおさえる時、心情の

純粋性の追求は、まさに情の純粋性の追求としてあらわれてくる。これは後に、「忍びざる情」すなわち切なる心情に生きることが誠であるなどとして展開されていくことになる。

素行・仁斎以後、荻生徂徠《おぎゅうそらい》が出て、仁斎学を批判するなどの曲折があったが、徂徠学派の思想が後退した近世後期において、誠の、徳目としての中核的な位置は確定され、幕末においては、誠の強調はその頂点に達する。近世後期における誠の理解を代表する一例をあげると、細井平洲《ほそいへいしゅう》（一七二八―一八〇一）が彼の仕える上杉治憲《はるのり》（鷹山《ようざん》）の子、治広におくった三条からなる教訓がある。彼はまず、誠の一字を大書し、これを、

内心と表向と一筋にして、うちそと二筋にならぬ事。

と説明する。また、全体を、

常々御心に誠と中字を御忘れ不レ被レ遊候而、何事も何事も御心の底より出候様に御心懸け可レ被レ遊候。

と結んでいる。心の底よりの表裏一体、内外一致が誠であった。

ところで、幕末の吉田松陰は、このような誠を尊重する伝統のうちに現われた。彼は、

天道も君学も一つの誠の字の外なし。（『将及私言《しょうきゅうしげん》』）

という。さらに彼は、誠には、「実・一・久」という三大義があるという。実践への決断と集中と持続があって、はじめて誠であるという。君のため、国のため思うところがあっても、それを決断

をもって実行に移さなければ誠ではない。これは究極においては死を賭するところに誠を見るものである。しかもそれは、あれも為し、これも為すというのではなく、ひたすらその一事を追求するものでなくてはならない。また、それが実現するまでは、たゆまず持続するものでなくてはならない。松陰は、このように実・一・久であってはじめて誠たりうるという。

松陰において誠は、このように、きわめて能動的・実践的なモラルとして捉えられてきた。近世後期の誠が、内を外に一致させる内外一致の誠であったとすれば、松陰のそれは、外を内に一致せしめる誠であったといえよう。後期においては、善行を単に外面的にではなく、心の底より行なえというところに焦点があった。先に述べた仁斎においても、偽り飾ることがないところに忠信の重心があった。だが松陰においては、君国を思う心を死を賭して実行することが求められている。時代の転換によって、誠もまた新たなる内容をもってきたといえよう。

君国を思う心は「誠心坐《そぞ》ろに已むこと能《あた》わ(ざる)」ものとして捉えられている。松陰にも影響を与えた水戸学において、すでに君父に対して「忍びざるの実」(会沢安《あいざわやすし》『新論《しんろん》』)を尽くすことが誠を尽くすこととされていた。忠とは君への「忍びざる実」を尽くすことであり、孝とは父への「忍びざる実」を尽くすことであった。したがって忠孝は「忍びざる実」を尽くすことにおいて一本であった。松陰においても、忍びざる情によって、さまざまな方策を考え、その忍びざる情を実・一・久に尽くすこと、それが誠であった。

松陰は、

情の至極は理も亦《また》至極せる者なり。

情の至る所、理も亦至る。(『講孟余話』)

という。正しい行為は、知的に判断されるものでなく、忍びざる情に徹するところにある。仁斎において、その忠信の主張は、朱子学的究理を排するところに押し出されてきたものであった。松陰は、忍びざる情に徹するところに、おのずから理にかなう行動が押し出されるとする。ここにも理をあらかじめ追究する姿勢はなく、理は忍びざる情のうちに解消されている。誠はいっそう、情的な性格を深めてきている。

松陰の「至誠」

儒教の原典で誠をもっとも説いているのは『中庸』であるが、そこには「誠は天の道なり、之を誠にするは人の道なり」とあった。松陰が君道とともに天道も誠の一字だとしたのもこれによる。すでに仁斎が忠信を説いた時に、忠信に生きることは、それ自体が天地の生生に参賛するものであると理解していたが、これは、誠の基本的性格の一つであり、また、清明の心・正直の心にもつながるものである。いずれもが、この世における心の持ち方であるとともに、天地に参入する心でもあった。松陰も、

人能《よ》く私心を除く時は至大にして天地と同一体になるなり。(『講孟余話』)

という。

『中庸』にはまた「至誠神のごとし」とある。これは至誠は神明のごとく何事にも通ずるという意味である。この考え方はまた『孟子』に、「至誠にして動かざる者、未だ之れあらざるなり」と捉えられてくる。この誠の理解は、至誠であれば、事が成就する、人を動かす、至誠であれば人倫の和が実現するという仕方でうけとめられてくる。

先にあげた平洲は「互の誠」によって和が実現することを説いたが、町人社会に浸透した石門心学の中沢道二《なかざわどうじ》（一七二五—一八〇三）は、

意が誠になると、人と和合の道が調ふ。（『道二《どうじ》翁《おう》道話《どうわ》』）

という。この意味するところは、たとえいかにものわかりの悪い邪険な両親であっても、誠心誠意をもってすれば、いつかは心が動き、心が通じ、そこに和合が実現するといったものである。

この誠の側面について、松陰は、

至誠にして動かざる者未だ之れあらざるなり。此の語、高大無辺の聖訓なれど、吾れ未だ之を信ずる能わざるなり。此の度、此の語の修行仕《つかまつ》るつもりなり。（『東行前日記』）

という言葉を残している。これは、彼が萩から江戸に召喚され、裁をうけ、刑場に消えたその出発の時に残した言葉である。

これは、「至誠にして動かざる者未だ之れあらざるなり」という聖訓を否定するものではない。ただ、至誠もって人を動かしえた体験をもたぬ彼において、誠の感通の可能性を軽々に口にするこ

とを、許さなかったのである。誠が人を動かすかどうか、彼の至誠が幕吏を、したがって幕府を動かすかどうか、それを試みる、さらにいえば、この聖訓に己れを賭けようというのが出発にあたっての松陰の心であったのである。

門人の一人は彼に「死」の一字を贈った。白州《しらす》（奉行所）において幕吏と刺しちがえて死ぬ覚悟を松陰に求めたものである。しかし、松陰は、「死」の一字をしりぞけて「誠」の一字をとった。彼は、己れの抱負を誠心誠意幕吏にうったえることによって、幕吏を動かすことをのみ考え、それに賭けようとした。彼にこれ以外の生き方はなかったのである。まさにこれが、誠に生きる生き方である。

だが、周知のように、幕吏に彼の至誠は通じなかった。彼は刑場に消えた。彼はその時、

平生の学問、浅薄にして至誠天地を感格することができ申さず。（「書簡」）

といった。彼は、聖訓を否定しなかった。ただ己れの誠を尽くすことの至らなさを認めたのである。中沢道二のような楽天的な考え方は、幕末の動乱期のただ中に、対峙に生きた志士には、容易にそうありえぬことが知らされた。特に、己れが至誠に徹することの困難さを知らされることになったのである。

至誠に、すなわち純粋になりきることは容易ならざることである。近世においても、すでに『葉隠』などが、

何事も皆偽《いつわり》の世の中に死ぬるばかりぞまことなりけり。常住死人に成たるを、誠の道に叶《かな》ひたると云也。(「聞書」十)

と、偽り多い人間には、「死ぬ事」以外に誠たる道はないと考えていた。松陰の門人が「死」の一字を贈ったのも、この考え方によったものであろう。松陰も刑の確定後、「死」の一字を贈った門人に、

小生出立の節、足下一死を以て期とせよと申されたるは実に至当の言なり。僕が誠と申したはまだ命が惜《おし》敷き故の事ならん。今更後悔少なからず候。(「書簡」)

と書いている。裁の途中、幕吏が自分に好意的であるかの錯覚をもち、生還の可能性を思い、鋒《ほこさき》の鋭さをおさめたことを、反省したものである。この悔いには痛切なものがあったと思われる。至誠であることの困難さを、松陰は、自ら体験したのである。

誠は、意を決すれば容易に誠たりうるという、また誠は人を動かし、和を実現しうるというオプティミズムをひきずっている。松陰は、誠たることの難しさを、したがって誠が人を動かすということの容易なさを体験において知った。だが、誠のモラルを疑ってはいない。

『葉隠』が、誠たることの難しさを指摘していたことを述べたが、中世の親鸞の教学は、つとに、強力に、「至誠心《しじょうしん》」を自力的にうることの不可能さを指摘したものといえよう。至誠心は、阿弥陀仏のはからいによってはじめて至誠心たりうるものであった。このように、一方に誠たることの難

しさを説くものがあった。しかしそれらは、日本人の心の大勢に変革を与えることなく、誠・誠実のモラルは、オプティミズムをひきずっているのである。

なお、松陰は、他面において、

天下の人を動かさんとの心あるにあらず。若《も》し此の心あらば至誠に非ず。（『講孟余話』）

と考えていた。天下を動かしうるか否かという結果に対する思いがあっては至誠ではないというのである。もっとも、そのすぐ後で「何ぞ至誠の人を動かすに如《し》かんや」と言っている。至誠が人を動かすことを否定するものではない。だが、至誠とは、忍びざる情自体に、結果を度外において徹することを言うというのである。

近代化と誠

至誠のモラルは、当然維新をこえて、近代の日本にも流れこんでいる。例えば、明治以後の最も代表的な哲学者西田《にしだ》幾《き》多《た》郎《ろう》（一八七〇－一九四五）の『善の研究』（明治四十四年）に、その継承されたものを見る。

彼は、善とは何かを問い、これを一面においては、衝動・感性・理性などの諸要求の統一としての最も厳粛な内面的な要求に生きることとし、ここに人格の実現を見るとともに、これを「至誠」と捉え、至誠こそ「善行為の動機」であるとした。さらに西田は、この至誠は、

外自ら人類一味の愛を生じ最上の善目的に合ふ。

という。至誠は愛として働くのである。しかも西田は、至誠に生きることに、宇宙の統一作用との

合一を見ている。西田哲学には、禅の影響があるといわれる。あるいは陽明学の影響があるといわれる。しかし、この『善の研究』の善の理解は、少なくとも、伝統的な誠のモラルの近代化そのものであるといわざるをえないであろう。

西田にふれたこととの連関において、このような誠のモラルが、日本のいわゆる「近代化」にいかにかかわったかについても考えておきたい。維新以後、この百年における工業化を中心とするめざましい発展について、作為を説いた荻生徂徠（一六六六―一七二八）の儒学が、その思想的背景として大いに貢献することがあったことについては、しばしば指摘されるところである。しかし、丸山真男の『日本政治思想史研究』以来、誠のモラルの伝統の果たした役割についてはほとんどふれられるところがない。さらに、徂徠の儒学はまさに仁斎の儒学の否定において形成されたものとして一般に位置づけられているから、徂徠の近代化への貢献をいう時、仁斎らの誠のモラルの近代化へのかかわりは、相対的に消極的なものと認められてくる。はたしてこの認識は、どこまでの正しさをもっているであろうか。もし、徂徠の仁斎学批判が、本論においてすでに批判的にとり上げてきた、そのひたすらなる心情の純粋性の追求に向けられ、それを基本的に克服する方向をもつものであったとすれば、徂徠の儒学の日本人の心の歴史における存在はきわめて大きいものとなる。われわれは、徂徠の仁斎批判の真相を見極めなければならない。このことがとりもなおさず、仁斎あるいは誠のモラルの近代化へのかかわり方を理解する手がかりを得る道となる。

徂徠学は、朱子学とも陽明学とも異なり、また仁斎学とも異なり、そこにはたしかに大きな発想の転換があった。徂徠のいう聖人の「道」なるものは、先行の儒者のそれのように心の持ち方ではなかった。彼は仁斎のごとく、教えを諄々と戸ごとに説いても天下は永遠に治まらない、中国の聖人はそのような馬鹿なまねはしなかったという。徂徠にいわせれば、朱子学も陽明学も、また仁斎学も聖人の教えの真の姿を伝えるものではない。

彼によれば、中国の先王（古代の王者）は、宇宙を貫く理を究め、また人や物の性を究め、人々がそれによればおのずから天下が治まるような具体的な行為の仕方としての礼楽を制作したという。先王は、天から特別の聰明さを与えられ、またかく行なうことを命じられた者であった。そのような者にのみ、制作は可能であった。この先王の制作した礼楽が聖人の「道」といわれるものであり、聖人とはこの道の制作者の意であるという。人々が聖人を信じて、礼楽にしたがって生きる時、人人はその生まれつきの性を尽くし、世は太平になるというのである。

徂徠学を、本章とのかかわりでごく簡単に紹介すればこのようになる。仁斎までの儒学を心法にかかわる学、心法の学といえば、徂徠学は、為政者の治国平天下の術（仕方）を説いた経世済民の学となる。それは、為政者の政治活動を儒教によって理念づけたものである。いいかえれば、儒教思想による政治の発見である。

徂徠学は、為政者に対して、その職責の遂行には、制度の確立が急務であることを教えた。そして、幕末から明治にかけて、西洋の諸制度を日本人が摂取する思想的なよりどころを与えることになった。しかし、一面からいえば徂徠学は「民は愚かなる物にて候」（『徂徠先生答問書《そらいせんせいとうもんしょ》』）という理解のうえに、右のような聖人の道を為政者たる「君子」の道として説いたもので、「衆愚」が、為政者を信じ為政者の制定した制度に従うことを求めるものであった。

そこで、この徂徠学と、仁斎らの誠を説く流れとの関係を問題にすると次のようになる。心法の学と経世済民の学と分ければ、両者は考え方において対立するものである。しかし、両者とも、近世の日本の思想的土壌から生まれた思想であった。その意味においては、どこかでつながっているであろうと考える余地は十分にある。思うに、誠を重視する発想は、前におかれた事、前にいる人に対して純粋で精一杯であることを求めるものである。おかれた状況に対して、純粋で精一杯であることを求めるものである。究理の排除において誠重視の傾向が押し出されてきたことが語るように、誠の姿勢には本来、状況に対する根源的な批判的な姿勢は内包されていない。この点については、また後にふれるが、このように見ることが許されれば、衆愚を前提にし、聖人が、したがって為政者が信じられることを前提にして成立する徂徠学は、まさに、誠のモラルに下から支えられて成り立つものといえよう。徂徠においても、究理はただ聖人のなしうることであり、衆愚という人間一般のなしうることではない。衆愚に求められることは、ただ為政者を信ずることである。かくて、経世済民の徂徠学と誠の心法の学とは凹と凸の関係において矛盾せず、そのかみあうところに近世の思想があったといえよう。

近代化とのかかわりにおいていえば、徂徠的な発想を背景にした有能な官僚ら指導者が時宜に適した制度機構を建て、これを民衆が、下から誠実のモラルによって支え、生かしたところに、驚異の発展がありえたのではあるまいか。下からの支えのないところにこの発展はありえなかったと思われる。日本人は勤勉であるという。勤勉が日本の近代の発展を支えたという。この勤勉には、おかれた状況に純粋に精一杯にかかわることを良しとする誠実のモラルが働いているのではあるまいか。

仁斎学と徂徠学はあくまでも一つの土壌から生まれた二つの思想であり、そこには儒学としての心法の学から経世済民の学への転換はあるが、仁斎の忠信の発想自体を超克するものではない。

徂徠においても、人と人との基本的なかかわり方は「孝弟忠信」と捉えられていた。孝弟は具体的なあらわれであるから、せんじつめれば忠信であった。忠は「人のためになし候事をば我身の事のごとくに如在なく身にかけ申候事」であり、信は「言語を慎み偽り違《たがい》候事なきやうに致し候を申候」(同上)であった。しかし、徂徠が説きかけた対象は、位ある為政者としての君子であり、君子には、この忠信を土台としつつも、なおそれを、聖人の治国平天下の仕方に即して展開することを求めた。例えば、「俗人の思ひがけぬ所より仕懸け(る)」「大道術」を、君子には要求した。徂徠学の徂徠学たるところは、まさにここにあり、それは為政者の、衆愚、俗人に政治的に働きかけるあり方にあった。徂徠は、政治を重視して政治の仕方を説くところに、仁斎と異なるところがあり、その見解を異にした。しかし、人と人との基本的なかかわり方において、新しいものを出したわけではない。徂徠もまた一般的な人と人とのかかわりとしては忠信なる「まこと」を説いていたのである。

ただ、徂徠において忠信は、「ただ人に施す者を以てこれを言(う)」(『弁名《べんめい》』)と、単に欺かず詐《いつわ》らずというより、あるいは表裏がないというよりも、人に対して能動的に働きかける内容をもってきている。それは、すでに吉田松陰において見たような能動的な誠への転換がきざしたものといえよう。

なお、近世においては、儒教的教養のもとに説きだされた誠に対して、国学者本居宣長によって真心《まごころ》が説かれた。誠と真心とは、往々誤って同一視されるが、歴史的には異なる内容をもつものであった。

真心は、いっさいのさかしらを排した人間の「うまれつきたるままの心」である。宣長によれば、

うまき物くは(食)まほしく、よききぬ(衣)きまほしく、よき家にすままほしく、たから(宝)えまほしく、人にたふと(尊)まれまほしく、いのちながからまほしくするは、みな人の真心也。(『玉勝間《たまかつま》』四の巻)

であった。さらにまた

真心には、智なるもあり、愚なるもあり、巧なるもあり、拙《つたな》きもあり、善もあり、悪きもあり、さまざまにて、天下の人ことごとく同じきものにあらざれば、神代の神たちも、善事にまれ悪事にまれ、おの〳〵その真心によりて行ひ給へるなり。(『くず花』上つ巻)

という。宣長は、誠たるべしということを含めて、すべてかくあるべしということを「強事《しいごと》」として排して、このような「うまれつきたるままの心」になれという。しかして「生まれながらの真心なるぞ道には有ける」(『玉勝間』一の巻)とすらいう。これは、真心がおのずから「ほどほどにあるべきかぎりのわざ」をするからであるが、また、真心からなされた悪は、悪質なしこりとなるものではないからである。

このように、うまれつきたるままの心の憧憬と、誠の強調とは異なる。誠は、当為であり、宣長にいわせれば「強事」である。しかし、誠もまた、已《や》むを得ざる情とされ、また最も厳粛な内面的欲求とされる時、その底辺におけるつながりを見ないわけにはいかない。特に、石門心学の誠に強く見られるような内面的心情をめぐるオプティミズムが、ここには一層はっきりとした仕方において現われているといえよう。近世にはこのようにいろいろの考え方が現われたが、基本的に誠・誠実のモラルを否定克服するものは現われなかったといえよう。

方向性の欠如　清き明き心より正直の心をへて、近世の誠の心につながる、日本人の心情の純化の標榜は、過去においては、よきものとして役割を果たしてきたであろう。しかし、生活内容の変化のはげしい今日において、あるいはまた国際的な場において異文化との交流のうちに生きなければならない今日において、内面的心情の純粋さの標榜は、その限界を示すことになる。特に、心情が純化する時、これが他者に通ずるというのは、明らかに一つのオプティミズムとなる。

心情の純化の標榜は、特に誠において見たように、理を追究し、これに由《よ》ろうとする姿勢の否定において登場してきた。しかし今は、時と所とを超えて通ずる何らかのよりどころを追究する姿勢を確立する必要があるのではあるまいか。そうすることによって、心情の純粋さを追求してきたわれわれの心もまたより豊かなものとなろう。

アメリカの文化人類学者ベネディクトが『菊と刀』に、日本人捕虜の誠実なるものをあげている。それは西洋人には驚くべきことであるという。捕虜になった日本人はまず殺せという。国際法上、殺せないというと、やがてその捕虜が、日本への爆撃機に乗って、爆撃の急所を教えることになったという。これが事実であるか否かは別として、日本人の誠実は、拡大すれば、外国人にはこのようにうけとられる構造をもつものであることは確かであろう。それは日本人の誠実が、理に対する誠実ではなく、状況に対する誠実であるからである。前におかれた人、前におかれた事、現におかれている状況への誠実であるからである。状況が変われば、具体的な生き方は一変する可能性があるのである。この意味で、誠実には方向性がない。

誠実に方向性がないのは、ただひたすら自己の心情の無私性・純粋性を追求するところにある。

人間や世界の本質を客観的に追究し、それに則って生きる姿勢が基本的に欠落していることによる。先にもすでに指摘したが、われわれは、人に対して「誠実」であることを思うが、ただ「誠実」でありさえすればよいのであって、この誠実でありさえすればよしとする姿勢には、例えば人格の尊厳、人命の尊重の思想は、きびしく言えば介在する余地がないのである。他者に対する心情が純粋であればよいのであって、他者とはそもそも何かという客観的な問いは、日本的な「誠実」からは出てこない。具体的な例をあげると、母子道連れ心中といういたましいことが連日のように報道される。この心中のごときは隣国にも例がなく、しかも日本においてはきわめて高い頻度において行なわれる。個々についていえばさまざまな事情があり、さまざまな思いによって心中の道が選ばれているのであろう。しかし、一般的に言えば、この子をおいて逝くことは「可哀そうだ」ということになろう。可哀そうだという親のこころは純粋であろう。子を思う親の純粋なこころが心中につながるのである。われわれは、さいわいに心中をまぬかれている。しかし、多くの日本人は心中の予備軍ではなかろうか。心情の純粋さにのみ生きる限り、心中をふみとどまらせるものは何もないと言ってよい。

安楽死についても、われわれは「可哀そうだ」という次元で考えようとしている。だが、植物人間となった人を生かしておくのは「可哀そうだ」と思う人もある。死なすのは「可哀そうだ」と思う人もある。安楽死是か非かは、「可哀そうだ」という次元では答が出ない。われわれは、「人命とは何か」という人間の本質への問いを立て、その問いに答えなくてはならない。『菊と刀』の話、母子道連れ心中の話、そして安楽死といささかどぎつい事例をあげたが、ここに伝統的な心情の純粋性の追求の倫理が、今日われわれに投げかけている「問題」が、最も尖鋭に現われているように思われる。

純粋さの追求それ自体は、建て前と本音など使いわけが行なわれる今日、どれほど強調されてもたりないほどであろう。また、われわれの祖先が、この生き方の中に、いかに豊かな深い心を養ってきたかも計りがたい。それはすばらしいことである。だが、また「問題」があることをもわれわれは知らなくてはならない。「問題」をのりこえようとする営みが、伝統をより豊かなものとする営みであろう。

誠実を、自己に対する誠実と理解すれば「問題」は越えられるという意見もあるかもしれない。しかし、自己とは何かということが明確に自覚されなくてはならない。自己に対する誠実が、自己の心情に対する誠実であれば、それはすでに仁斎においても見たところである。

本章における、日本人の心情の純粋性、無私性の追求については、次章と緊密に連関しているので、特に併せ読んでいただきたい。「清き明き心」および「正直の心」については湯浅泰雄氏の『古代人の精神世界』(ミネルヴァ書房)が参考になる。高木市之助氏の『吉野の鮎』(岩波書店)、平野仁啓氏の『古代日本人の精神構造』(未来社)も興味ふかいものがある。なお、古川哲史氏は『日本的求道心』(理想社)で、斎藤茂吉の強調した「全力的」と高村光太郎の「純粋」をあわせて、「純粋と全力的」をもって「日本倫理思想の原点」と指摘しておられる。

本章でとり上げた伊藤仁斎・荻生徂徠・吉田松陰については、次の諸論文が注目される。

武内義雄「日本の儒教」(『易と中庸との研究』所収、岩波書店)

子安宣邦『伊藤仁斎』(東京大学出版会)

渡辺　浩「伊藤仁斎・東涯」(『江戸の思想家たち』上、所収、研究社出版)

丸山真男『日本政治思想史研究』(東京大学出版会)

尾藤正英「荻生徂徠」(『江戸の思想家たち』上、所収)

河上徹太郎『吉田松陰』(中公文庫)

四章　道理の風化

理は定準なし。　――荻生徂徠

ひたすら心情の純粋性を追求する傾向のある日本人には、世界や人間の本質を客観的・原理的に追究する姿勢は成熟しがたかった。したがって、時空をこえる普遍的な規範の意識も十分な形では形成されなかった。しかし、日本人は大陸の思想の影響のもとに成長してきた。大陸の思想には、仏教にも儒教にも、ある普遍的な規範・理法の思惟がふくまれている。その大陸の思想を日本人がどのように受けとめて消化したかということが問題になる。ここでは、これを日本人の「道理」の理解を中心に考えてみる。道理は、今なお生きている言葉であるが、これまで、この言葉がいかに遇され、またいかなる内容において捉えられてきたかということが問題である。

道理と情

道理がしきりに説かれたのは鎌倉時代中期の十三世紀である。十三世紀は承久の乱があり、『貞永式目《じょうえいしきもく》』が制定され、元寇《げんこう》があり、道元・親鸞・日蓮が活躍した時代である。この時代の人々は、道理という言葉にとりつかれていた感さえある。この十三世紀の道理観の質が明らかになれば、日本人一般の道理への姿勢の基本が明らかになると思われる。

十三世紀の道理重視の傾向を代表するものに『愚《ぐ》管抄《かんしょう》』がある。先学の調査によれば、この本には「道理」という言葉が一三八回使われているという。使われた道理の内容はさまざまであるが、にもかかわらず道理という言葉をそのいずれにも用いるのは、さまざまな内容を強引と思われるまでに道理という一つの言葉で表現してしまうほど、著者慈円《じえん》（一一五五―一二二五）が道理にとりつかれていたことを示すものである。

慈円は、歴史は下降をたどりだんだん悪くなると考えたが、この顕《けん》の世界の外に冥《めい》の世界があり、そこには冥神が常に存在し、その時代時代の「世のため人のためよかるべきやう」を歴史の中にあらわし定めるという。この定めが、その時代時代のあるべき道理であり、かくて道理は時代とともに移りゆくものなのである。

道理がどのように時代とともに移りゆくかといえば、まず古代において冥神は、日本にふさわしい「世のため人のためよかるべきやう」の基本線を定めるとともに、その理想的なあり方を定めた。しかし時代が下るとともに、冥神は、この基本線に矛盾しない限り、否、基本線を守るべく、基本線を生かす下降した状況相応の「よかるべきやう」を、条件を一部後退させ許容線を拡大して定めたという。例えば、基本線の一つは王種の一定であり、その理想的なあり方は、直系の皇子が皇位を継承して、自ら政治をとるものとされていたが、それを、後代において皇位の継承は孫でもよい、女性でもよい等、と定めるものである。末代の世に基本線を生かすべく許容線を拡大したものである。

ところで慈円は、この角度から日本の歴史における定めの変遷を追ったうえで、彼のおかれた末代の道理を、天皇と摂家将軍の君臣合体による統治と捉えた。それが今の世の「世のため人のためよかるべきやう」であるというのである。彼のこの断定は、これまでの定《さだ》め（習《なら》い・例《ため》し）としての道理をふまえつつ、これに部分的な改変の手を加え、今の世の道理として定立したものであるが、また一面において、それは冥神の御心《みこころ》を直覚したものとして説かれたものであった。

今ここで、特に紹介しておかなくてはならない『愚管抄』の要約は以上の通りである。この要約によって慈円の道理の質を考えると、道理を道理とする原理原則が明らかでないことが指摘される。つまるところ、道理は冥神の御心なのであって、冥神の御心自体は人間には不可知である。わかっているのは、冥神が、常に状況に即して「世のため人のためよかるべきやう」を考えられるということであるが、それ以上のことは何もわからない。何も追究されていない。

世間や人間の本質を理解して、本質に則して「世のため人のためよかるべきやう」の原理原則を考え、原理原則を状況に生かすというのではない。このような知的な、客観的な反省はない。ただ「世のため人のためよかるべきやう」というだけである。究極的に「よかるべきやう」を冥神の心に帰するのも、この事態に照応するものである。ところで、このような基本的な姿勢のうえにおいて、まずこれまでの慣習的・習俗的な定め・習い・例しが、道理という言葉で捉えられ、他面、同時に道理は常に新たに定立されるべきものとされた。だが、この新たな定立も、新たなる例しの定立であって、原理原則をふまえた定立ではない。『愚管抄』において、道理は常に、一部の改変修正として新たに定立されてゆくものであるが、基本的には、慣習習俗であり、普遍的な原理原則の反省をふまえるものではない。この道理観はただ『愚管抄』のみのものではない。

鎌倉中期の道理の強調として見落とせないものに『貞永式目』があり、その制定の起請文に「ただ道理の推すところ」とあるが、この道理観も質的に『愚管抄』の道理観と別のものではない。笠松宏至は『貞永式目』について、「式目は限定つきとはいえ、網羅性をもつ、中世幕府法中唯一の、つくられた法典である。しかしその網羅という意味は、基本法そのものを集積するのではなく、従来慣習的に存在した基本法規の部分的修正、もしくは現実に対応してより具体化する必要あるものを選択集積するという意味におけるものであり、おそらく、立法時点における裁判の争点も、そこに集中されていたものと考えられる」(『日本中世法史論』)と指摘されている。「道理のおすところ」とは、慣習的な道理をふまえて、今に処する道理を追求する営為のおすところという意味となろう。

この時代の道理が普遍的な原理原則への反省をふまえたものでなかったことは、この時代の道理が情《なさけ》とふかくかかわっていることを見ることによって、さらに明らかになる。無住《むじゅう》(一二二六—一三一二)の

『沙石集《させきしゅう》』は、式目制定の当事者北条泰時《ほうじょうやすとき》の逸話を伝え、泰時を、道理を聞けば涙を流して感ずる人物と伝えている。『沙石集』の伝える逸話は次のようなものである。

ある時、土地をめぐる裁判において、地頭が領家の代官と争い、しばし決着を見なかったが、代官が、たいへん重要な筋の通った発言をするに至り、地頭が「あら負けや」と自ら敗訴を認めた。人々は笑ったが、泰時は「正直な人」であると「涙ぐみてほめられ」たという。逸話のもう一つは、親が不如意から手放した土地を父のために買いもどし買いもどしていた長男と、にもかかわらず親から譲文をうけた弟との遺産相続争いのことである。この争いを裁いた泰時は、まず譲文をもつ弟を「道理あり」と勝訴させたが、なお泰時は、この兄を不憫に思い、情深くはぐくみ、妻をめあわせ、欠所ができた時にこれを与え、その兄は糟糠《そうこう》の妻をともなってその国に下ったというものである。無住は、このように描いたうえで、泰時を、

実に情《なさけ》ありて、万人をはぐくみ、道理をも感じ被レ申ける、まめやかの賢人にて、仁恵世に聞へ、道理程面白き物なしとて、道理を人申せば涙を流して感じ申されけるとこそ聞伝へたる。民の歎《なげき》を我歎として、万人の父母たりし人なり。（巻第三）

という。無住は、この逸話につづけて、この兄が苦労をともにした糟糠の妻をともなって下ったことを「情ありける心、哀《あわれ》にこそ」とし、泰時もまた「哀に覚ゆる物かな」と感じたことを述べ、これにかけて、泰時が富さかえた後にも昔をわすれず、民の煩いを知って驕《おご》ることがなかったことを

書き加えている。泰時は、まことに「賢人」であったというのである。

この逸話において、敗訴した兄に対する泰時の情は重い位置を占めている。裁判においては負けにしたが、それとは別に、兄の生き方に泰時は感じている。いわばそこに道理を見て感じているといってもよい。少なくとも、「あら負けや」と自ら敗訴を認めた、道理に正直な地頭に感じた泰時と、この兄に感じた泰時とは同一人物である。情あることと道理を感ずることと賢人であることとは別のことではない。情あることのうちに、道理に生きることがふくまれているのである。

泰時の逸話の次の段に、無住は、「学問」にはすぐれるが心よからぬ上人が、妹が子を失って悲しむのを見舞わず、人にすすめられて訪れて、おれの妹ともあろうものが、無常の道理を知りながら嘆くのはけしからぬと責めた話を伝えている。もちろん、無住はこの上人に批判的である。上人は、道理の知識はあるが、泰時とは対照的に、まったく道理を知らぬのである。かくて無住は、

> 広く物をしらざれども、道理を弁《わきまえ》てしれるが如く過をそれ（恐）理を心得え、心あきらかにさとりある。（巻第三）

ことを理想とする。それが「賢人」であり、泰時は「賢人」であった。道理は知識として捉えうるものでなく、情の心において、おのずから生きるものなのである。

無住の泰時像が示した道理をめぐる理解は、北条重時《しげとき》（一一九八―一二六一）の家訓『極楽寺《ごくらくじ》殿御消息《どのごしょうそく》』では、

道理の中に僻事《ひがごと》あり、又僻事のうちに道理の候。

と捉えられてくる。これは、自分の立場がいかに正当であり言い分があっても、そのことが自分にとっては「生涯をうしなふ程のこと」ではなく、他人にとっては「生涯をうしなふべきほどの事」である場合には、自分の言い分をそのまま主張すべきでない。もしあえて、自分の言い分を主張すれば、それは道理に反した僻事である。あるいは、許すべからざることであっても、もしそのことをあらわにする時には、その人が生命を失うであろうような場合には、その生命を助けるべく、悪事はあらわすべきでない。悪事を知って知らぬふりをするのは僻事であるが、この場合はそれが正しい。それが道理であるというのである。

これは、具体的事態に処する道理においては、すべてが人間関係における他者への情《なさけ》・慈悲に止揚されるべきことを説いたもので、まさに、その情や慈悲こそが道理だという考え方を示すものである。一章に述べた栄西の慈悲、道元の慈悲のごときは、これを端的に示している。

このように見てくると、道理は、知的・原理的な反省においてではなく、情の徹底純化において生きうるもの、捉えうるものとなってくる。『愚管抄』が道理を、ただ端的に、今のこの世における「世のため人のためよかるべきやう」と捉えていたのも、その考え方をより個人的関係の場にも ち込めばこの重時のような理解となろう。両者の道理観は根底において一つのものである。

道理と無私

このように、道理は普遍的な理法ではなく、基本的には慣習習俗であり、また常に状況において一部修正改変して新たに定立させるべきものであった。いわば〃大方の道理〃をふまえて、今の〃事に処する道理〃が定立されるべきであった。この改変定立に、則《のっと》るべき普遍的原理原則の意識がなく、情が重くかかわっていることも述べた。しかし、さらに考えると、情の基本的契機として、無私性・無欲性が重視されているのを見る。無私無欲に徹する時に、今の状況に処する道理があらわになるという構造である。

無私無欲の心が、中世において正直の心として捉えられていたことは前章において述べた。その時、「正直の中に慈悲決断あり」とされていたこともすでに述べた。慈悲の根源に無私無欲の正直を見るものである。また、正直の心には、その状況の「是非善悪のすがたあらはれずということな(く)」、「境々に対」して「明々としてまよ《（迷）》はざらん」(『神皇正統記』)心であることも述べた。無私無欲の正直の心によってはじめて、その状況状況の「よかるべきやう」が捉えられるのである。この時代において正直と道理は対応する言葉であり、例えば、

義と云《いう》は、正直にして道理を弁へ、是非を判じ、偏頗《へんぱ》なく、邪なき事也。(『沙石集』)

のように用いられていた。

道理は、このように、その時その時の「是非善悪」「よかるべきやう」であったから、あらかじめ道理を追究する姿勢は生まれてこない。ただひたすら、内面の無私無欲の正直の心が追求される

ことになったのである。

南北朝時代に書かれたと思われる『栂尾明恵上人伝記《とがのおみょうえしょうにんでんき》』に、承久の乱の時に態度の決定に苦悩した泰時を描き、理に即した生き方は無私無欲に徹する以外にないことを語っている。

それによれば、泰時はかねて明恵上人（一一七三―一二三二）に師事していたが、承久の乱後、上人より、この国土にありながら国城を破り太上天皇を流すなど「理に背《そむ》（い）」た罪は容易に消しがたいという難詰をうけた。泰時は、これに対して、自分は頭をたれて降人になる以外にないと考えたが、父義時が、王の政治正しからず、人民が愁いにしずむ今、ただ王命にしたがうわけにはゆかぬ、「私を存じて」従い申さぬのではなく、天下の嘆きに代わるまでであり、たとえ冥加つき命を捨てることになっても痛むべきでないといったので、父の命に背きがたく、さらにこれまた一義なきにあらずと思い、かくのごとくあると答えた。さらにまた、八幡大菩薩に「此の度の上洛、理に背かば泰時が命を召され（よ）」「聊《いささ》か私を存せず」と祈ったが、「聊かの難無くして今に存せり」と答えている。すなわち、ここには泰時の無私性がただ強調され、無私に徹したところに正しさがあるという理解が示されている。『伝記』には、

　正しきと云は無欲なり。

という言葉もある。道理は、無私に徹することにおいてのみ捉えられてくるのである。

なお、このように、道理が無私正直に吸収されてゆく一方、〝事に処する道理〟は、その状況に

おける「よかるべきやう」であったから、その状況に処する態度全般に道理は拡散されてゆく傾向をはらんでいた。道理を捉える正直は、廉直《れんちょく》といいなおされた時、次のように語られてくる。

廉直というは、いひいづる事を、さなきよしにあらがひせず、知らざることを、しれり顔にもてなさず、契《ちぎ》れる事を改めず、物をうらやまず、喜びをも、歎きをもふかうせず、すべて直《ただ》しきを宗として、まがれる心なきなり。(『十訓抄《じゅっきんしょう》』)

情《なさけ》あることが道理を知ることであるとされていたが、ここにはさらに、望ましいとされる姿勢一般に、道理が内容的に拡散されてゆく可能性が示されているといえよう。

十三世紀において、道理は憑《つ》かれたように語られていたが、その道理の内実は、おおよそ以上のようなものであった。それは、一面においては〝大方の道理〟として慣習的・習俗的な定め・習い・例しといった秩序を意味するものであった。しかし、おかれた状況において事を処する時には、過去的なこの習俗的道理への単なる随順ではなく、これを修正改変した個々の状況に即したあり方の定立が求められ、その「よかるべきやう」もまた道理と捉えられていた。だが、この道理は、内面の情ある心、あるいは無私無欲、正直の心によって捉えうるものであったから、道理の追究は内面の純粋性の追求に吸収されてゆく傾きがあった。

十三世紀を中心にその道理観をこのようにまとめてみる時、ここに二つの注目すべき傾向が見られる。その一つは、道理の名における習俗的な秩序の重視である。状況における修正改変が求められてはいるが、道理が普遍的原理としてでなく、基本的に習俗の次元で捉えられていることである。さらにまたその二として注目されるのは、道理に生きることを求める時、道理の客観的追究ではなく、努力の焦点がもっぱら主観的心情の純粋性の確立に向けられたということである。これは道理が普遍的原理として捉えられていないことと密接に連関する。十三世紀の道理観に示されたこの二つの傾向は、この後の日本人の道理観をも、さまざまな変容を示しつつも、基本的に貫いているように思われる。

まず、主観的心情の純粋性の追求の側面から、この傾向がこの後、どのようにうけつがれたかについて考えてみる。

すでに二章において、戦国の武将が人心を己れに収攬すべく、きびしく自己の確立を求めたことを述べ、『早雲寺殿二十一箇条』に正直が強調されたことにふれたが、まさにこの正直は、右にあげた正直の伝統をうけつぐものである。

> 拝《おが》みをする事身のおこなひ也。只こころを直《すぐ》にやはらかに持ち、正直憲法にして上たるをば敬《うやま》ひ、下たるをばあはれみ、あるをばあるとし、なきをばなきとし、ありのままなる心持、仏意冥慮にもかなふと見えたり。たとひいのらずとも、此心持あらば、神明の加護有レ之べし。いのるとも心まがらば道にはなされ申さんとつつしむべし。

「上たるをば敬ひ、下たるをばあはれみ、あるをばあるとし、なきをばなきとし」て早雲が正しさに徹して生きようとする時、彼は「直にやはらか」な「こころ」の確立を求めた。さらに「正直」であれば「いのらずとも」「神明の加護有レ之べし」という。

足利幕府においても、政道は、私なく「道理の趣に随《したがっ》て」（『細川頼之記《ほそかわよりゆきき》』）行なわるべきことが説かれていた。特に家柄の権威をもたなかった足利氏にとって、その支配を権威づける道は、「政道の善悪」をうたう以外になかった。後代の偽書であるが『持等院殿《じとういんどの》（尊氏）御遺書《ごいしょ》』に、

天下の主は誰と尋ぬべし。吾にあらず道なり。（略）然れば則ち吾れ能く天下を治むるに非ず、道よく天下を治むるなり。

とあるのも、よく足利幕府の体質を語るもののように思われる。ところで、ここに足利幕府を持ち出したのは、同じく正しい生き方を説いても足利幕府のそれと早雲ら戦国武将のそれとは、大きく隔たるものがあることを言いたいためである。また、権威づけとして説かれた道理は、精神の緊張が高まるとともに、正直の強調に移行したことを言いたいためである。

足利幕府の道のうけとめ方は応仁期の公卿一条兼良《いちじょうかねら》（一四〇二—八一）の発言にうかがえるように思われる。彼は八幡大菩薩に「威勢」をつけたまえと祈念して、

威勢だにもあらば道を道に行わんと思うによりて。（『文明一統記《ぶんめいいっとうき》』）

という。これによれば「威勢」は神仏に祈念してたまわるものであり、この威勢を背景として道の実現もまた可能になるというものである。これは、早雲の、正直であれば神明の加護あるべしとい

う考え方とは、対照的である。早雲において、威勢はまさに正直に生きるところに、さらにいえば、いかなる事態においても、あるをばあるとし、なきをばなきとする道義的に強い心、正直にまで己れを鍛え上げるところに、伴うものである。

ここでは、正直に存亡が賭けられている。しかも、正直は単に当為として要求されるだけでなく、いかなる事態においても正直である自己にまで自己を鍛え上げることが標榜されている。正しく生きるということとのかかわりにおける正直の追求の徹底した一つのあり方をここに見ることができるのである。

朱子学批判

近世の初期の『甲陽軍鑑』には次のような文章がある。

必ずよき大将は、道理を能く別けらるるを以て、名大将とは申し奉《たてま》つる。名大将は、道理非のわかること、敵も味方も同風なり。又道理のわかたざるは、心のいたらざればなり。心の至らぬ大将をさして、あしき大将と申す。（「命期巻《みょうご》」）

ここにいう「道理非」とは、これまで述べてきたように、状況における是非善悪であり、ここに重んじられているのは、この道理を分別する能力である。道理非の分別の有無に一国一家の興亡がかかるというのである。戦国武将の道義への関心のたかまりを受けとめて、整理したものである。近世初期に儒教が強力に台頭したのは、このような武士社会の道理への関心を地盤とするものであった。

ところで、近世の初期に台頭した儒学は後に述べるように道理の追究を積極的に説く儒学であった。具体的にいえば朱子学であった。ところが、近世全体を視野に入れてみる時、この朱子学は、常に近世の思想界をリードしつづけるものではなかった。むしろ、朱子学を批判する動きにこそ、近世の思想の趨勢は捉えられなければならない。具体的にいえば、道理自体の追究をあらわに強調する思想の後退にこそ近世があった。ここに近世の日本人の道理観をうかがう手がかりがある。後退は、道理へのまったくの無関心を示すものではない。道理の位置づけ、道理観の性格を示すものといえよう。

朱子学は、宇宙人倫そして人間の内面をも貫く理を究め、これによるべく敬《つつし》むことを説く。初期においてこの朱子学を鼓吹した中心人物である林羅山も「学問の道は先づ理を究め(る)」にありとし、「理にかなうは善也。理にそむくは悪也」(『三徳抄《さんとくしょう》』)とした。この理解は、普遍的な理を問題にして、その理を究めなければ善悪を判断することができないというものである。この考え方は、これまで見てきた日本人の道理観と相当異質的である。少なくとも内面の純化だけでなく、普遍的な客観的な理法そのものの追究へ日本人をいざなうものである。このいざないに導かれて、近世の日本人がその方向にすすんだとすれば、今日のわれわれの精神的な体質もまた別のものになっていたと思われる。もっとも朱子学自体の根源的な一理の考え方が、普遍的な客観的な、理法をただちに説くものとはいいがたい面がある。ただ、うけとめ方によっては、そのような方向に発展する可能性を秘めているといえよう。しかし、近世の日本人は、朱子学を踏み台にして、そのような方向に自らの思索を深めるのではなく、むしろそれとは逆の方向にすすんだ。

羅山自体も、すでに「善の理は一にして善の事は一ならず」「理同じといえども事を処するに同じからず」（『羅山先生文集』）といい、「事により時により人により、処により、其のそれぞれの道理あらわるる所、一概にあらざれば、兼々《かねがね》能々工夫すべき也」（『巵言抄《しげんしょう》』）として、それぞれの事における「それぞれの道理」を強調して、よろずのことに「よきほどの道理」「定れる道理」があるとし、これをあらかじめ究理する必要を説いた。さらに、この道理は「礼」に客体化されると見るがゆえに、個々の礼儀を究め、礼儀に即して言行を敬《つつし》むことが、理に生きることとなった。このように羅山においても、その道理の強調は、具体的には儀礼的秩序の理念づけとしてあらわれていた。

この羅山の思想をうけて山鹿素行はさらに、形而上学的な根源的一理の追求の意味をも含む「究理」という概念を、悟りを求めるに近いものとして否定し、これを「格物」（物に格《いた》る）におきかえた。これは「天地たり既に万物たれば、一理を以て之を論ずべからず」（『山鹿語類』）という立場から、個別的な事物の則をそれぞれ明らかにすることに、彼の思想の焦点をあてたものである。個別的な事物の則は、彼において、それぞれの場における威儀（礼儀）であり、彼は、この威儀の具体的な考察に力をそそいでいる。素行は朱子学から出発しつつ朱子学を批判して古学を唱えた一人である。素行の古学には、他の古学者に比して最も多く朱子学の残影がのこされているといわれるが、しかし右に述べたような主張こそ彼が古学を唱えざるをえなかったものであり、近世の思想界がたどりつつあった一つの傾向を示すものである。

ところで、羅山の次の世代の朱子学者、素行と同時代の儒者山崎《やまざき》闇斎《あんさい》（一六一八―八二）は、朱子学者でありつつ究理をほとんど説かなかった。彼において道理は人間の内面にあって、これを呼びさますべきものであった。内面の道理を呼びさまして自己の言動および世の中を「道理のままに明らかに、裁く」（『敬斎箴講義《けいさいしんこうぎ》』）ことが彼のいう敬《つつしみ》であった。闇斎の主張は、朱子学者をもって自任しつつも「致良知」を説く陽明学に近いものであったが、またきわめてリゴリスティックなものであった。そのリゴリズムは、太平化しつつある武士社会が要求していたものであろう。

近世初期におけるおもに朱子学徒による道理の強調はこのようなものであった。朱子学は、究理をもって重要な柱としていたにもかかわらず、すでに理を積極的に追究すべきものとする姿勢の後退もあらわれている。また、究理が説かれても、個別的な具体的な行為の仕方としての儀礼の追究という傾向をもちつつあった。普遍的な理法の客観的な追究への方向に、朱子学をうけとめるものはあらわれていない。しかし、人々はこのような道理の強調をも、次第に自由闊達さを阻害するものとして批判するに至った。そのような批判は、すでに羅山と同時代の中江《なかえ》藤樹《とうじゅ》（一六〇八―四八）にはじまっていた。藤樹は羅山的な、「定れる道理」としての儀礼を尊重する格法主義からの脱出にその一生をかけていた。彼は、権の外に道なく、道の外に権なし。(『翁問答《おきなもんどう》』)

という。おかれた時・所・位のあるべきあり方以外に道なるものはないという主張である。藤樹においては、その時、その所のあるべきあり方に生きる内面の確立が求められてくる。ここには明らかに中世以来の道理観がそのままうけつがれているのを見る。

ところで、朱子学者らの道理の強調の批判者として注目されるのは伊藤仁斎である。仁斎についてはすでに述べたので、それを思い起すための紹介にとどめるが、彼はまず、

凡そ事専ら理に依って決断するときは、則ち残忍刻薄の心勝って、寛裕仁厚の心寡し。(『童子問』)

という。仁斎は、このように理に則って生きることを否定する。そして主張したのは、ひたすら忠信、すなわち他に対して誠実に生きることであった。理によって「善を善とし、悪を悪と(し)」、理によって裁く姿勢を、彼は「死道理」に生きるものという。しからば「活道理」とは何かといえば、それは人倫の和合の実現を重視して「善を善とするを長じ、悪を悪とするを毎に短する」ところの「仁義」なる「道」であった。しかし仁斎は、この「道」も、人々が直接的に意志的に由《よ》り行なうべきものではなく、人々が努めて行なうべきことは忠信であった。

このように仁斎は活道理としての仁義の道を認める。しかし、それは忠信に生きるときにそこに近くありうるところのものであり、仁斎の思想の要請するものは、ただひたすらなる他者への誠実

であった。

この仁斎の発想の延長のうえに『葉隠』があらわれる。『葉隠』は、

理非邪正の当りに心が付くがいや也。

という。これは、理非邪正そのものを否定するものではないが、理非邪正を観念的にあげつらう姿勢を否定するものである。例えば、

我人、生きる方がすきなり。多分すきの方に理が付くべし。

というように、理非邪正を問題にする時、生命への執着、一般的にいって自愛の心が介入し、その判断をまげるというものである。ここから『葉隠』は、

道理の外に道あり。

ということになり、「武士道と云は、死ぬ事と見付たり」といい切ることになる。道理の存在を根本的に否定するものではないが、道理を観念的に追究する姿勢を否定する。『葉隠』は、ただ捨て身に生きることを説き、「死ぬ事」においてのみ道理に生きうるとするのである。これは、仁斎が忠信に生きる時にのみ仁義に近く生きうるとするのと構造的には同じである。

さらに、この構造は幕末の吉田松陰らにもあらわれてくる。彼の、

情の至る所、理も亦至る。(『講孟余話』)

は、至情に生きる時、それがおのずから理にかなう生き方として展開されるというものである。こ

の発想においても、理の存在は否定されていない。しかし、情の純化に生きることにおいて理に生きうるのであって、理自体を客観的に追究する姿勢はそこにない。これらはみな、無私無欲の正直に徹する時に道理が捉えられるという発想の伝統をうけつぐものである。

最後に、「陽朱陰王」といわれる幕末の昌平黌の儒者佐藤一斎《さとういっさい》の思想をこの角度からとり上げておく。陽朱陰王とは、表面は朱子学の姿をとりつつ、実質は陽明学であるという意味であるが、厳密にいえば一斎の考え方は、朱子学でも陽明学でもない。むしろ一斎において、われわれは近世における朱子学受容の行きついたあり方、あるいはまた朱子学的立場から批判否定されつつも姿を消すことなく、逆に時代とともに関心をもたれるようになった陽明学の、近世の日本人による受けとり方の質を、理解することができるのである。ここにもう一度、朱子学・陽明学の立場を整理しておくと、朱子学においては天即理であり、事物に内在するその理を究めることが説かれていた。陽明学においては、天即理なる天理思想を前提にしつつも、心即理が強調され、内在的理の良知を致すことが説かれた。両者は、究理を強調するか致良知を説くかに差はあったが、天即理を説くことにおいて変わるところがなかった。

ところで、一斎において、この天理思想は明らかに変質している。彼において、天はただ「無妄《むもう》」である。「無言の書」(『言志四録』)である。天は、一斎においてもはや理ではない。彼は、この無妄の天に仕え、それと一体になることをのみ説く。しかして、天に仕えこれと一体になる時に、義理がこんこんとして尽きないという。ここには、朱子学的な究理もなく、良知の存在も認められていない。ただ無妄無限定の天と一体化することのみが説かれている。一体化した時、状況状況における理が捉えられてくるというのである。儒学的、時に朱子学的、時に陽明学的な装いをもって説かれているが、内実はこれらと大きくへだたるものがある。一斎の思想は、主観的心情が無私無欲に徹する時に、道理が捉えられるという考え方を、思想的に定着させたものといえよう。その時、中国儒学の根本にあった天即理という考え方が無視され、天はただ無妄と捉えられ、この宇宙万物の根底に理が貫いているという考え方が消えていることが何よりも注目されるのである。中世以来の日本人の道理観の伝統は、このような考え方を生む可能性を内包し、またこのような考え方において、もっとも端的に、その発想の性格を示すといえよう。

習俗的な秩序

さて、宇宙万物の根底に理の存在を見ない一斎の発想との連関で思い出されるのは、理の存在を認めつつも、なおこれを人間にとって不可知なものとする考え方が、近世の中期以後、荻生徂徠、さらに本居宣長によって説かれたことである。彼らの発想は、主観的心情の純化を通して理にふれうるとする発想に対する批判として位置づけうるとともに、彼らの思想を見るとき、われわれは、日本人の道理観の特色の一面である習俗的な秩序の重視の側面をも併せてうかがうことになる。

徂徠の立場は、

理は定準なし。(『弁名《べんめい》』)

に端的に示されている。理は「適《ゆ》くとして在らざることなき者」であって、理の存在そのものは否定されていない。しかし、理は、人間にとって主観的にのみ捉えうるものであって、社会生活における人々の共通のよりどころとはなりえない。徂徠によれば、理を究めうるのは、天から特別の聡明さを賦与された聖人のみであった。聖人は、理を究め、人・物の性を知り、「礼楽」という具体的な行為の仕方を制作して人々に与えた。人々はただ聖人を信じ、この礼楽に従う以外にはなかった。人々が礼楽に従って生きる時に、世の中はよい風俗となりよく治まる。また、人々はよい人柄を形成することになる。特に、楽とほとんど同じ意義をもつ古の詩文章の学びについて、

殊に理屈より外に君子の風儀風俗といふ物のある事は、是よりならでは会得なりがたく候。(『徂徠先生答問書』)

という。究理を志すことは、聖人にとって代わろうとする無謀な僭越な行為である。徂徠において、理は人々にとって、聖人の彼方にあるものである。直接、究理すべきもの、また究理しうるものではない。

ところで、この徂徠の影響のもとに成長した本居宣長は、

天地のことわり(理)はしも、すべて神の御所為《みしわざ》にして、いとも〳〵妙《たえ》に奇《くす》しく霊《あや》しき物にしあれば、さらに人のかぎりある智《さと》りもては、測りがたきわざ。(『直毘霊《なおびのみたま》』)

という。この発想は、徂徠の考え方の影響のもとに、さらにその延長のうえに形成されたものであるが、宣長はこの立場によって儒教を批判する。すなわち、異国（中国）では、この不可測のことわりを「己がさとりもて押しはかりごと」をしてさまざまな教えを立てる。しかし日本の古代には、そのようなさかしらだった教えはなかった。教えがなかったというのは、何らの秩序もなかったというのではなく、むしろ逆に、真の秩序が実現されていたからこそ教えがなかったのである、と宣長はいう。

しからば、彼のいう真の秩序、神道とはいかなるものかというに、それは「善悪是非をこちたくさだせるやうなる理屈」ではなく、「ゆたかにおおらかに雅《みやび》たる物」であった。「雅たる物」というのは、道が、神々が産巣日神《むすびのかみ》の御霊《みたま》によって行ない「始めたま」うたものであったからである。道は、何ものかが制作したものではなく、神々がかく行ない始めたもの、つまり神々の社会の〃習俗〃であったからである。

ところで、宣長の神々は、徂徠の聖人のように究理しない。ただ、産巣日神の御霊によるといわれる。徂徠の場合には聖人の彼方に理が位置されていたが、宣長においては、神々の背後にあるものは、産巣日神の御霊のみである。ただ、この御霊は、人間には測るべからざる妙に奇しく霊しき生成力であり、事を「成就」する力であり、この御霊によって神々がはじめた神々の社会の習俗には、妙に奇しく霊しき「理《ことわり》」がこめられているという。

宣長もまた、理の存在そのものを否定していない。しかし「妙理」といわれるその理は、測るべからざるもので、神々のはじめた習俗に生きる時にのみふれうるものである。

理の存在が認められても、それが人間一般にとって不可知とされる時、人は、ただ制度への随順において、さらには習俗への随順においてのみ理にふれうるものとなる。ここには、定め・習い・例しという習俗を重んじた中世の道理観が、新しい装いをもって浮び上ってきた感がある。儒教、特に朱子学によって理の存在が強く印象づけられた思想的状況のうちにあっても、究理の姿勢は成長せず、これとは逆に、近世屈指の思想家によって説き出されたものが、理の不可知論であり、制度・習俗の重視であったことは注目される。

ところで、与えられた制度、あるいは習俗への随順において理に生きうるという発想は、それ自体においては保守的な性格を多分にもつものであるが、これを、主観的心情の純化において理にふれうるとする考え方に対する批判的発言として位置づける時、ある積極的な意味をもって、受けとめられてくる。主観的心情の純化において理にふれうるという考え方に立つ時にも、容易に純化に徹しうるとするのはオプティミズムであることは、すでに三章で述べたが、この徂徠の制度、特に宣長の習俗の主張は、その心情の純化をひたすら標榜するオプティミズムへの批判的発言として機能してくるであろう。

なお、今日のわれわれにとって、われわれが生きる世界の根源の理ははたして自明のものであろうか。たとえば、人間は尊厳であるというけれども、何ゆえに尊厳であろうか。この一例をもってしても、われわれにとっても理は決して自明のものではない。理が未だ自明のものではないわれわれとして、では、今、いかに生きるべきかという問題が出てくる。ここで思い出されるのは、真理を追究し、方法的にすべてを疑ったデカルトが、その間の「暫定道徳」としてとり上げたものが、「わが国の法律および習慣に従うこと」(『方法序説』)であったということである。徂徠や宣長にとって、制度や習俗は必ずしもこの意味で暫定的なものではないが、しかし、現に今、理を捉え得ていない者の暫定的な生き方を考える時に、彼らの発言は注目すべきものとなる。

しかし、このように考えたうえでなお、今たしかに言えることは、一斉の思想に端的に示されているように、日本の伝統には道理の存在に対する確たる意識がない、それを追究する姿勢が確立していないということである。そのような伝統のあり方を一斉の思想は示している。そのような伝統的な土壌が一斉の思想をも生み出したのである。この土壌が、心情の純化において理を捉えうるという発想も、また制度・習俗への随順においてのみ理にふれうるという思想をも生み出したということである。

共同体のあり方

普遍的な規範としての道理の意識が形成されなかったということは、われわれの共同体の伝統的なあり方全体にかかわる問題である。

法秩序は、権力によって定立されるものであるが、なお、人間の共同体なるもの、端的にいって人間なるものをいかに捉え、そのうえにいかなる意図をもって法を立てるかということが問題になる。ここに法と道理との関係がある。日本における中世後期以降の法と道理との関係を示すものとして、しばしばあげられるものは、楠正成《くすのきまさしげ》の軍旗に記されていたと伝えられる、

非　理　法　権　天

の五文字である。ここに法と理との関係が端的に示されている。これは、理は非を超え、法は理を超え、権は法を超え、天は権を超えるという意味であろうが、ここで問題になるのは、法が理を超え、理は法に勝たずという一点である。ちなみに、幕末の二宮尊徳《にのみやそんとく》（一七八七—一八五六）の語録『二宮翁夜《にのみやおうや》話《わ》』には、「楠公旗文」として次のように紹介されている。

非　は　理に勝つ事あたはず
理　は　法に勝つ事あたはず
法　は　権に勝つ事あたはず
権　は　天に勝つ事あたはず
天　は　明らかにして私なし

この「非理法権天」の伝えがいつできたかわからない。しかし、伊達家の家法『塵芥集《じんかいしゅう》』に、

かくのごとくの輩、たとい至極の理運たりとも、法度《はっと》を背《そむ》き候うへ、成敗を加ふべきなり。

とあり、徳川の『武家諸法度《ぶけしょはっと》』にも、元和元年のものには、

法を以て理を破るも、理を以て法を破らず。

とあるところから見ても、理に対する権力による法の優位が中世において考えられていたことが理解される。「非理法権天」は、この考え方が結晶した五文字である。

ところでこれは、大方の道理ともいうべき習俗的な筋論を否定することもある法を認めるものであるが、このように道理が否定される可能性は、すでに述べたところでは、北条重時の「道理の中に僻事《ひがごと》あり、又僻事のうちに道理の候」という発想のうちにすでにあったといえよう。そもそも「世のため人のためよかるべきやう」は、そのあり方を絶対に規定する原理原則をもっていないから、一般的に認められている大方の道理は、共同体の全体的な人間関係の秩序の保持という観点から、容易に超えられるものである。「道理の中に僻事あり、云々」は、人間関係の情的なつながりを優位におくことにおいて、大方の道理を超えるものであったが、ここにはすでに、政治的場において、秩序の保持という立場から大方の道理を超える可能性が内包されていたといえよう。これは日本人の法意識の問題であるが、道理が法を規正する原理にまで自覚されていなかったことを示すものである。

ところで、道理が、普遍的規範として確立しておれば、共同体の秩序は、道理と、その道理を基本的原理とする法によって形成されることになろうが、道理が普遍的原理として働かないところにおいて、法を制定する権力の位置づけが問題になり、日本においては、現実の支配者が権力を掌握するためには、天皇によってそれが認められる何らかの手続きを必要としてきた。ここには、何ゆえ、天皇がそのような役割を果たしてきたかという、日本の共同体のあり方の一つの問題が出てくる。

この問題はさまざまな側面から考察されなければならないが、さしあたり本章で指摘した習俗重視の傾向が一つあげられる。また、次章で指摘する日本人の「持続」を重んずる傾向も問題になろう。普遍的な規範をもたず、習俗を基本的なよりどころとし、さらに「持続」そのものを善として存続してきた日本の共同体が、その共同体存立の象徴として天皇の存在を要請してきたといえないであろうか。権力が、この天皇によって認められる手続きによってはじめて、共同体に位置づけられたということも、この筋で理解される。

これは、一つの見通しを述べたにすぎない。指摘しておきたいのは、道理観の問題は、法意識の問題であり、また天皇観の問題につながるということである。

道理を普遍的なものとして客観的に追究する姿勢が生まれなかったのは、日常生活の場において、異質な文化との接触がなかったことが大きく影響しているであろう。逆に、国際的交流のはげしくなった今日において、何らかの普遍的なよりどころが強く求められなければなるまい。もっとも、それは伝統のトータルな否定においてではなく、伝統を生かすことのうちに求められなければなるまい。

ところで、このような日本人の道理の自覚の稀薄さを克服する試みの一つとして注目されるのは和辻哲郎の倫理学である。和辻は、人間関係を重視して、それぞれの共同体をなりたたしめる行為的連関の仕方を追究して、全体を「人倫の道」として体系的な把握を試みている。これは、人倫を重視し、人倫の和合を求めた伝統をうけつぎつつ、その伝統の内包する弱点の克服を求めたものである。人倫の和は伝統的に尊重されてきたが、和の内実を積極的に問う姿勢は生まれなかった。和の内実は、人間の本質を問い、共同体のあるべきあり方が問われることによって、はじめて規定されるものであるが、そのような本質を反省する姿勢が生まれなかったから、ただ和は望ましいものとして、その内実の追究を抜きにして標榜されてきた。『愚管抄』の「世のため人のためよかるべきやう」も、その内実の追究を抜きにして標榜されたものであった。和辻の倫理学は、いわば伝統的な和の標榜に理論的な基礎を与えたものであり、普遍的な理法への目を伝統のうちに位置づけようとした一つの試みであるといえよう。

本章は、前章をうけて、心情の純粋さをひたすら追求した日本人にとって、客観的な規範意識がどのような形で成立したか、あるいは成立しなかったかを、道理の理解を中心に考えたものである。道理がもっとも強調された十三世紀において、道理は習俗的な秩序を意味し、事にあたってこれを修正改変して生きることがめざされ、そのような生き方を可能にするものとして無私無欲を本質とする正直、情が求められていた。理を強調する儒学、特に朱子学が説かれた近世においても、右の伝統は形をかえてうけつがれ、心情の純化に徹する時に、理に生きうるという考え方、あるいは、人間にとって理は不可知であり、与えられた制度、あるいは習俗への随順において理に生きうるという理解が生まれ、普遍的な理を客観的に追究する姿勢は形成されなかった。今日のわれわれには、普遍的な理の意識をどのように確立するか、また、この伝統のもつ可能性をいかにうけとめるかという課題が課せられているといえよう。

本章の参考書としては、『講座日本思想』（東京大学出版会）の3「秩序」の巻が注目される。特にそこでは、日本人の道理観と法意識と天皇観との一体的な関係が考えられている。法意識を中心に道理観に言及した論文として、笠松宏至「中世の法意識」、水林彪「近世的秩序と規範意識」が収録されている。無私を考えた寺田透「無私についての対話と書簡」も収録されている。なお本文に引いた笠松氏の文章は『日本中世法史論』（東京大学出版会）によったものである。

理の問題をめぐる日本近世の儒教思想の特色は、中国の儒教との比較的考察によって一層明らかになるが、この点に関して溝口雄三氏の『中国前近代思想の屈折と展開』（東京大学出版会）、および「二つの陽明学」（『理想』昭和五十六年一月号）が参考になる。中でも後者は、日中の陽明学を比較考察したものである。

五章　持続の価値

凡そ天が下は、ちひさき事はとてもかくても、世々すべらぎの伝りたまふこそよけれ。　――賀茂真淵

われわれの歴史においては、普遍的な価値判断の規準を客観的に追究する姿勢が成熟せず、無私無欲に徹する時に、その状況における「世のため人のためよかるべきやう」としての道理が明らかになるという考え方が流れてきたが、このような思惟構造のもとにおいては、己れの行為の正当性を普遍的・客観的規準に則《のっと》るものとして主張する姿勢は成立せず、状況における己れの判断の主観性に対する危惧が残されてくる。そこでここから、結果から行為を評価するといった考え方が生まれてくることになる。もっとも一応、〝結果から〟という表現で捉えたが、実は結果からと簡単に言いきれない複雑な内容がここにはある。この章ではこの点について考えてみる。

因果の逆転

前の章ですでにとり上げたことであるが、『栂尾明恵上人伝記』における明恵《みょうえ》と北条泰時の問答が、ここにまた思い出される。明恵が、承久の乱における北条父子の挙兵

を難詰したのに対して、泰時は、父義時の「是、私を存じて随ひ申さざるに非ず。天下の人の歎きに代りて、縦《たと》ひ身の冥加尽き、命を捨つと云ふとも、痛むべきに非ず」という決意を聞き、「是亦一義無きに非(ず)」と思ったので、父の命に背《そむ》きがたく上洛した、と答えた。しかしまた、上洛にあたって八幡大菩薩の御前に「此の度の上洛、理に背かば、忽《たちま》ちに泰時が命を召され(よ)」「聊《いささ》か私を存せず」と祈ったという。ところが、その後、「偏《ひとえ》に命を天に任せて、只運の極まらん事を待ちけり。而《しか》るに、聊かの難無くして今に存せり。若《も》し是、始めの願の果す所か」と泰時はいう。

ここには、八幡大菩薩による因果応報の思想が背景にあるが、ともかく「今に存せり」をもって己れのとった行為の正当性を保証しようとするものがある。状況における決断は主観的であって、そこに正当性をめぐる不安がつきまとう。その不安が、「今に存せり」において解消されているのである。

これは、個人的な決断についての事例であるが、ここに流れている思考法は、天皇の継承問題とのかかわりであらわに示されてくる。

天皇の問題は、前章にもふれたように、日本人の心の構造を知るためには非常に大きな問題である。天皇の存在を要請しつづけてきたのは日本人の心であるから、天皇の問題は、日本人の心の問題である。天皇観をめぐって展開されたさまざまな考え方は、日本人の心の動きをあらわに対象化して示すものである。この章でとり上げようとしている日本人の心の側面は、特に、天皇の継承問題にからんで示されてくる。

まず、『愚管抄』の分析から入ることにする。『愚管抄』においては、すでに述べたように、その時代時代の「世のため人のためよかるべきやう」の道理は冥神の御心によるものであった。慈円が末代の今の道理として説いた摂家将軍というあり方も、究極的には、冥神の夢におけるお告げであった。冥神のお告げとして、慈円は主観的には確信をもった。しかし慈円は、『愚管抄』の筆をとりつつ、

これかく《(書)》人（慈円）の身ながらも、わがする事とはすこしもをぼへ侍らぬ也。申ばかりなしく〱。あはれ神仏ものの給ふ世ならば、といまいらせてまし。（巻第七）

という。彼の判断は、「神明の冥には御さたあるにかはりまいらせて」したことであるから間違いはないが、だが、神仏はものをのたまうことがない。そこでなお、もう一度「是は一定大菩薩の御計か、天狗・地狗の又しはざかとふかくうたがう」てみる必要はあった。

慈円は、ここにおいて、さらなる歴史的考察によって、自分の主張を確信しきろうと努めることになる。その時、彼がとり出したのは、藤原基経《もとつね》が、陽成《ようぜい》帝をおろして光孝帝を立て、藤原の永《なが》手《て》・百川《ももかわ》が光仁帝を立て、また群臣が武烈帝の後に継体帝を立てた事例である。これらはいずれも臣下の判断によって帝位を左右したものであるが、歴史の動きを左右したこれらの大きな判断がいずれも道理性をもっていたということは、慈円にとっては彼自らの判断の道理性を傍証するもので

あった。

ところで、ここでの問題は、彼が傍証としてとり上げた過去の事例の道理性についての慈円の捉え方である。この点について慈円は、

神明の冥には御さたあるにかはりまいらせて、臣下の君を立《たて》まいらせしなり。されば、あやまたずこの御門の末こそはみなつがせ給て、けふまでこの世はもたへられて侍れ。(巻第七)

という。擁立が道理であったから、その天皇の血統が今にまで皇位を継承しているというのである。この論法は、あくまでも、道理であったから、その結果として今に皇位を継承しているとなっている。しかし、なぜ、慈円はここに、結果としての今への皇位の継承をとり上げる必要があったのであろうか。思うに、それは、今への皇位の継承があるから、その擁立は道理であったという逆転した論理が、すでに慈円のうちにあったからではなかろうか。少なくとも、この逆転の可能性を、この発言は十分にはらんでいるといえよう。

「今」への持続

『愚管抄』にあらわれはじめていた発想が、『神皇正統記《じんのうしょうとうき》』では、さらに一歩前進した仕方において示されてくる。『正統記』は、

大日本者《は》神国也。天祖はじめて基をひらき、日神ながく統を伝給《つたえ》ふ。

という一文において有名であるが、『神皇正統記』がまさに「正統記」という書名において主張したのは、単に一種姓の血統が常に今日まで天皇として君臨してきたというにとどまらない。「正統

記」という書名は、むしろ次の文章に多くかかわるものである。

唯《ただ》我国のみ天地ひらけし初《はじめ》より今の世の今日に至るまで、日嗣《ひつぎ》をうけ給《たまう》ことよこしまならず、一種姓の中におきても、おのづから傍より伝給ひしすら、猶《なお》正にかへる道ありてぞ、たもちましましける。

この文章は、日本の天皇は、常に一種姓の中から出たということをのみ説くものではない。むしろそれを自明のこととして、その天皇の中には正統の天皇もあり、傍系に位置する天皇もあるということを主張するものである。皇位の継承は、時に傍系にそれることがあっても、また正統の天皇にもどりもどりして今日に及んでいると説くものである。『神皇正統記』とは、まさに、この正統に位置する神々および天皇の記である。さらに正しくいえば、正統の神々と天皇の正統的なつながりを述べたものである。『神皇正統記』において、この正統思想はきわめて重大であり、また、ここでとり上げるのもこの正統の観念をめぐる問題である。

さて、北畠《きたばたけ》親房《ちかふさ》（一二九三―一三五四）が何をもって、正統と傍系をわけたかといえば、結論的にいえば、天照大神と今の天皇、すなわち後醍醐《ごだいご》・後村上帝とを結ぶ血統線上に位置する天皇が正統の天皇であり、そこからはずれたのが傍系の天皇である。先に引いた親房の文章は、いったんは傍系の者へ皇位が継承される場合があっても、常に、「正にかへる道ありて」、正統の天皇への継承が行なわれ行なわれして今日に及んだというのである。この正傍論は、南北朝時代の大覚寺統と持明院統との皇位継承争いを背景として、特に後醍醐・後村上帝の流れを正統として権威づけたものであり、南朝の臣としてのきわめて現実的な意味をもった発言である。

親房は、一方に、三種の神器を為政者のあるべき規範をあらわすものとして強調して、正直・慈悲・智恵を説いた。そして「政の可否にしたがいて、御運に通塞《つうそく》あるべし」とした。これは、特に眼前の天皇後村上帝に要請するところのものであった。しかし、これは、後村上帝の正統性が否定される可能性を述べたものではない。後醍醐帝は「うたがひなき継体の正統」であり、後村上帝についても、その即位について「かくさだまり給ぬるも天命なればかたじけなし」と、その正統性は大前提としてすでに認められている。正直・慈悲・智恵の要請は、政治の可否によっては、皇位が後村上帝の子孫ならざる者にいったんは継承されることになる可能性を語るものである。「つひには正統にかへれども」、いったんはしずむ可能性があることを語るものである。自らの子孫が常に王位を継承すべく政治を正せというものである。正直・慈悲・智恵という政治の規範を説きつつも、それは要請される心構えであって、後村上帝自体の正統性が否定される可能性につながるものではない。

ここで最も問題にすべきことは、親房がいかなる理由をもって、彼が正統と見る天皇の正統性を認め、「凡《およそ》の承運」に対する「まことの継体」と認めたかということである。

この点について、われわれの考えるべきことは多いが、まずその一つとして、親房のうちに、因果応報、あるいは積善の家には余慶ありという考え方が働いていることである。よい天皇の子孫は皇位を継承してその栄光は絶えることがないという発想である。私が今、かりによい天皇といったよさについては、その天皇の即位が天命であり正理であり、あるいはまた天照大神の御本意であるなどという仕方でとらえている。いずれも同じ内容であると思われる。ところで、正直・慈悲・智恵の有徳性がその内容の大きな部分を占めてはいるが、それだけではなく、よさには、天命とか大神の御本意とか表現される不可測の側面がある。仁徳帝は有徳の天子ではあったが、不可測の側面において欠けるゆえに、子孫に武烈帝が出て、この統における皇位の継承はここに絶えた。仁徳帝の弟隼《はやぶさ》𦤶別《わけ》は自らは皇位につかなかったが五代の孫の継体帝が即位し、その子孫がながく今の世に至るまで皇位を継承することになった。親房は、ここには凡慮の及ぶところではない何らかの天命が働いているというべきかと理解する。隼𦤶別に対して仁徳は大鷦鷯《おおささぎ》の尊といった。鷦鷯は小鳥、隼は大鳥である。この命名には、人の力を超えた天命が働いているというべきかというのである。

　このように天命・正理によって即位した天皇の子孫は、ながく正統の天子として皇位を継承するのである。ここには積善の家には余慶ありに近い発想がある。ところで、私が注目したいのはこの次である。このような発想のあるところ、その血統が今につながる天皇は、しかるべき天命・正理をうけた天皇であったにちがいないと、先の発想を逆転させた発想が生まれていることである。たとえば、後白河帝について、今は此御末《このおんすえ》のみこそ継体し給へば、しかるべき天命とぞおぼえ侍る。

という。これは、今への持続の事実によって、後白河帝の天命性・正理性を逆算したものである。この発想は天皇家についてのみならず藤原についてもいわれる。不比等《ふひと》の後、藤原は南家・北家・式家・京家に分かれたが、後には北家のみが栄え、親房も「いまの執政大臣およびさるべき藤原の人々、みなこの末なるべし」という。この北家繁栄にふれて親房は北家の祖房前《ふささき》について、

房前の大将、人にことなる陰徳こそおはしけめ。

と簡単に断定する。このような個々の捉え方はしばらくおくとしても、天照大神と今の天皇を結ぶ線上の天皇のみを正統の天皇とする考え方自体が、そもそも、子孫の持続によってその天命性・正理性を見る発想をふまえるものであった。天命・正理という概念は、親房において曖昧なものである。これは元来人間には不可測なものである。この不可測な概念をもち込んで正統性を理解しようとする時、血統の持続という子孫の繁栄の事実がその判断のよりどころとなっているのである。

ところで、もう一つとり上げておくべきことは、ここで問題になっているのは、単なる子孫の持続ではなく、〝今への持続〟であるということである。先にあげた泰時の言葉にも、「今に存せり」と今が問題になっていた。『愚管抄』でも「けふまで」と今への持続がいわれていた。『神皇正統記』も、すでに見たように、今への持続が問題にされているのである。単なる持続でなく、今への持続がいわれる意味を考えなければならない。

問題は、例えば子孫が相当永く持続したが、ある時にすでに切れてしまっているのと、子孫が持続して今に至っているということとの違いである。持続をもたらした因としての優秀性は、両者ともに、考えられるが、しかし前者は、持続がすでに切れているのでその優秀性には限りがある。しかし、歴史において語られる最終時点としての現在までへの持続は未来に開かれている。現世までの持続は、未来への持続をはらんでいる。この点は、また後で考えるが『神皇正統記』には、

天地の始《はじめ》は今日を始とする理なり。

という考え方がある。天地初発より生々して今日に至り、また今日を始めとして未来に生々するという理解である。『神皇正統記』において、「今」はこのように捉えられていた。したがって、今への持続は、また開かれた未来への持続を意味することになる。限られた持続ではなく、今への持続は、いわば無窮の持続をもたらした優秀性としての評価である。超越的な価値判断の規準をもたない日本人は、今を通過点とする無窮の持続によって、それをもたらした事の価値を判断するのである。無窮の持続が超越的な規準の代わりを果たしている。親房において、その血統が無窮に持続する天皇が、天命をうけ正理をもつ正統の天皇である。

このような発想は、つまりは、「勝てば官軍、負ければ賊軍」という考え方に通じる。ただ、いったんの勝ち負けではなく、十分の長さにおける、つまり持続における勝ち負けである。しかもまた、この勝ち負けは、泰時の場合には八幡大菩薩の、『愚管抄』においては冥神の、そして『神皇

正統記』においては天照大神の、捉えかたは異なるが、それぞれの冥意のあらわれとして捉えられている。無窮の持続にはそれをかくあらしめた神意があらわれているわけである。神意自体は不可測であるが、不可測な神意が、ここに示されているのである。無窮の持続が超越的な規準の代わりを果たしているといったのはこの意味である。

この〝今への持続〟による価値判断については、考えるべきことが多いが、もう一つの大きな事例を紹介したうえでのことにする。

持続の標榜

持続、正確にいえば〝今への持続〟の尊重は、近世の国学者によって、さらに強調されることになる。しかも、国学者にあっては一歩すすんで、持続そのものが善いこととして標榜される。何か善いことがあれば、結果として持続となるとか、持続しているからその元は善いことであったというのではなく、善いことは持続であり、その善さをもたらす仕方が問題にされるという趣がある。

まず、賀茂真淵《かものまぶち》（一六九七—一七六九）は、

凡《およ》そ天が下は、ちひさき事はとてもかくても、世々すべらぎ《（天皇）》の伝わりたまふこそよけれ。上伝れば下も伝れり。から《（唐）》人の云《いう》如く、ちりも動かぬ世の百年あらむよりは、少しのどに《（和）》はあるとも、千年おさまれるこそよけれ。（『国意考』）

という。このちいさき事は、この『国意考』の文脈では、直接的には中国の「同姓めとらず」をさ

すのではあるが、彼のいわんとするところはこれに限られるものではない。真淵が主張したのは、世の中のあり方は「天地の心のままなることそよけれ」ということであって、中国のごとく「しひていとちひさく、人の作れるわざ」「理《ことわ》りめきたること」にては、世の中は治まらないということであり、したがって、ちいさき事とは、人が「理りもて」考え出した儒教的な人間のあるべきあり方一般をさすものである。

堯《ぎょう》は、舜《しゅん》が有徳であったから位を譲った。真淵にいわせれば、それは「よきに過《すぎ》たる」ことであった。「よきに過たる」ものというのは、禅譲を理想とすれば、同時に卑しげなる者が国を奪い、君を殺す事態もあらわれることになるからである。よきに過ぐれば、またわろきに過ぐることも現われることになるからである。だから真淵は、人の考え出した「ちひさき理りめきたること」をもってしては、世は乱れて治まることがないというのである。

これに対して、日本においては、天地の心のままに治められてきたという。それは、山や野におのずから道ができるように、おのずからこの国土に生まれてきた仕方によって治めることであり、具体的にいえば、常に天子は天子、臣下は臣下として伝え、有徳なる者が天子になるなどという理りを立てないことである。これによって、大過なき平和の持続がもたらされてきたのである。

ここには、有徳者が君になるなどという善さはない。だが、大過なき平和の持続がある。真淵が求めたのは、人間が考える善さの実現ではなく、先《まず》ものの専《もは》らとするは、世の治り、人の代々伝ふるをこそ貴《とうと》め。

であった。「人の代々伝ふる」とは、中国にあった革命という内乱がなかったことを指すもので、それ自体が大過なき平和の持続を意味する。真淵が求めたのは、このような大過なき平和の持続であった。

大過なき大局的な平和の持続は、社会体制の基本の持続であり、この持続が善であり、そこに真淵の究極の目標があった。その目標は「此国におのづから伝りて何のよし何のことわりともなき」「ただ天地のなしのまにまに、古よりなし来る」習俗的な定めに生きる時に、実現するというのである。ここには、持続の尊重と習俗の尊重が一体的な関係にあるものとして捉えられている。真淵は普遍的・客観的な規範意識を積極的に否定した。そして同時に、習俗への随順による社会体制の持続それ自体を善としたのである。

本居宣長の考え方も、この点については、真淵とほとんど変わりがない。宣長も、「巨害なき」大局的な平和の持続を善として、神々が神代にはじめた支配者の定め方を、この善さの実現に「益」(『くず花』)あるものとした。

皇国は神代より君臣の分早く定まりて、君は本より真に貴し。その貴きは徳によらず、もは(専)ら種《たね》によれる事にて、下にいかほど徳ある人あれ共《ども》、かはることあたはざれば、万々年の末までも、君臣の位動くことなく厳然たり。(『くず花』)

これが、神々の社会に形成された習俗の基本である。何ゆえ、かかるあり方に「益」があるかということは、すべて「神の御所為《みしわざ》」であるから測りがたいが、宣長は、

　たとひ道とするにたらぬ物なり共、天下よく治まりて失なくば、これ真の善《よき》道なり。（同上）

とすら言う。

このように、真淵や宣長にとっては、大過なき大局的な平和な持続が善であった。

もっとも、真淵においてもそうであったが、宣長においても、この手段と目標の関係はこのようにはっきりしたものではない。「益」ある手段的方法としての天皇の血統的持続は、むしろ大局的な平和の持続の基軸的な意味をすらもってくることになる。特に、「皇朝《すめらみかど》のいよ〱日々おとろへさせ給ひしまに〱、天の下も、こしかた行末たぐひなきまでに、みだれにみだれつつ、云々」（『馭戎慨言《ぎょじゅうがいげん》』）というように、世の衰微が天皇の衰微を来たすのではなく、天皇の衰微が世の衰微を来たすと明確に考える時、この傾向が強まる。大局的な平和の持続と支配者天皇の血統的な持続は、彼らにとって別のものではない。両者の仲介に、社会体制の基本の持続を入れて考えれば、より理解が容易になるであろう。

ここでは、彼らにおいて、持続そのものが善きものとして捉えられていることを注目したい。さらにその時、「理りめきたる」規範意識がいっさい排除され、「たとひ道とするにたらぬ」あり方でもよいとすら表現され、習俗が大きくクローズアップされてきていることにも注目しておくべきで

あろう。習俗は手段であるとともに、それへの随順が目的であり、ここから、大局的な平和の持続と天皇の血統的持続が一つのこととして捉えられてくることにもなるのである。

無窮への参賛

真淵や宣長が、それ自体を「善」とした持続は、もちろん、無窮の持続である。天地のはじまりより今に至り、今を通過点として未来に延びる無窮の持続である。真淵や宣長の「あめつちのむた（ともに）ときわにかきわに」は、当然、今が通過点として前提されている。たとえば、

かの天壌無窮の神勅の如く、万々歳の末の代までも、動かせたまふことなく、天地のあらんかぎり伝はらせ給ふ御事、まづ道の大本なる此の一事、かくのごとく、かの神勅のしるし有て、現に違はせ給はざるを以て、神代の古伝説の虚偽ならざることも知べく、……。（『玉くしげ』）

のごときは、明らかに「現に違はせ給はざる」をもって、「万々歳の末の代まで」の無窮性が考えられている。

ところで、「今」における無窮への参賛、参入を、真淵や宣長は、いずれかといえば過去的な習俗への随順の方向において捉えているが、すでに見てきた『愚管抄』において、「今」は、今の状況に即応して、習俗的な大方の道理を修正改変すべき点であり、いわばそれが慈円の歴史の無窮の生成への参賛であった。さらに『神皇正統記』においては「天地の始は今日を始とする理なり」で

あり、「今」は天地初発のエネルギーを再生振起すべき「今」であった。今を通過点とする無窮の意識は、国学者のように必ずしも過去にのみ姿勢を向けるものではない。

無窮の持続を問題にすると、どうしても、この「今」の問題につきあたらざるをえない。それは日本人の歴史意識の問題である。

しばしば述べてきたように、日本人には、時空を超える普遍的・客観的な規範意識がない。このことは、またいかなる過去も、またいかなる未来も、「今」を規正するものとして規範化されることがないという形であらわれる。『神皇正統記』において、天皇の正統性は「今」において位置づけられたものであり、宣長において天壌無窮の神勅も、「現に違はせ給はざる」をもって権威づけられている。「現に違(う)」時は、神勅も権威をもってこないという構造である。しかし同時に、この「今」も絶対化されることはない。今に立ってすべてを裁断するような今ではない。今は過去の生成によって成った結着点であり、未来への生成の出発点である。生成の流れの通過点である。しかも、今は、次の今となる無常に洗われた今である。

丸山真男の「歴史意識の「古層」」の言葉をかりれば、日本人にとって、歴史は「つぎつぎになりゆくいきほひ」であって、そこには「究極目標などというものはない」。普遍的な価値判断の規準がないところに、究極目標はない。したがって歴史は「無限の適応過程」である。「なりゆくいきほひ」としての歴史は、「今」「今」において、その「今」の状況への適応として、その「いきほひ」を再生するのである。丸山は、このような日本人の歴史意識を「変化における持続」と捉える。置かれた状況への適応としての変革を通して、「なりゆくいきほひ」としての歴史への参入、無窮の持続への参賛といえよう。

このように見てくると、日本人にとって、変革も、「なりゆくいきほひ」としての歴史の無窮の持続への参賛、参入なのである。ここでも持続を善とする発想は変わらない。しかも、変革は常に天皇の存続のもとにおいて行なわれてきた。天皇の「ことよさし」として行なわれてきた。宣長の言葉を借りれば「大本」の持続性は明らかに確保されているのである。変革が無窮の持続への参賛であろうとすることがここにも示されている。無窮の持続を善とする思考は、変革を否定するものでなく、むしろ、常なる適応としての変革を通しての無窮の持続である。

しかし、状況への適応としての具体的な行動が、無窮の持続への参賛であるかどうかという不安は残る。主観的に確信をもっても、その保証はない。二章に別の角度からふれたが、例えば、ここから、幕末の志士は、「其の秕《しいな》たると其の粟《ぞく》たると吾が知る所に非ず」（吉田松陰）といい、「行蔵（進退）は我に存す、毀誉は他人の主張、我に与《あず》からず我に関せずと存候」（勝海舟）といい、後世を待つ以外にはなかったのではなかろうか。慈円と同じ問題を明治維新の志士も抱いていたということになる。

心情の純粋性をひたすら追求し（三章）、客観的な普遍的な価値判断の規準を追究する姿勢が熟さなかったとすれば（四章）、日本人が、行為の善悪をどのような仕方で捉えてきたかという問題が出てくる。本章でとり扱ったのはこの問題である。

時空を超える規範の代わりに、生成する歴史の無窮の持続が考えられ、これへの参賛、参入をもってよしとしたが、しかし、具体的な行為がこの参入に値するか否かは結局、後世を待つということにならざるを得ないと思われる。他者あるいは過去の行為に関しては、その心情を問うが、また社会的にはその行為が現在に生きてつながるか否かによって評価される傾向をもつと思われる。

本章の後半は、

丸山真男「歴史意識の「古層」」（『日本の思想』6「歴史思想集」解説、筑摩書房）

佐藤正英「日本における歴史観の一特質——「正統」をめぐって」（『理想』昭和四十四年四月号）

に負うところが多い。なお、歴史意識については、八章でふれるところがある。

『愚管抄』や『神皇正統記』の最近の研究には、

大隅和雄「持続と変革」（『講座日本思想』4「時間」所収、東京大学出版会）

がある。

なお、本書脱稿後出版された林周二氏の『経営と文化』（中公新書）には、経営観念を通してみた日本人の時間意識が、図解をまじえてわかりやすく説明されており、参考になる。

六章　あきらめと覚悟

わが心　慰めかねつ　更科や　姨捨山に　照る月をみて
——『古今和歌集』

日本人がどのように自らを救済し、この世に生きる姿勢を確保してきたかということを考えると、当然、仏や神や天が考えられてくる。だが、今や、仏も神も天もほとんど死につつある。にもかかわらず、われわれはなお精神的なバランスを持ちつづけている。このわれわれのバランスのとり方は、一朝一夕にできたものではなく、それ自体が深く伝統に根ざすもののように思われる。それを、ここでは「あきらめ」と「覚悟」において捉える。特に「あきらめ」という心性を基本的な心性として捉える。日本人の心に流れてきた「あきらめ」の心は、時に、その仏教や儒教や神道の理解をも着色してきたのである。

うつせみ　〝見るな〟という禁を破ったために、もとのあり様をもはや取りもどし得なくなるという発想がある。戦後のものでは木下順二の『夕鶴』があるが、これは古来の民話によったものであり、古来の民話には、『蛤《はまぐり》女房』などの多くにこの発想が見られる。ところでこの禁を破る発想は『古事記』にもある。しかも人間の出生と死という、人間にとって最も重大な事件とのかかわりにおいて出てくる。

イザナミの命《みこと》が死んで黄泉《よみ》の国に行き、イザナギの命がこれを追ってゆくが、しばらく自分の姿を見るなというイザナミの禁を破ったために、葦原中国《あしはらのなかつくに》と黄泉の国との通路が断たれることになる。これによると、かつては、この世とあの世との行き来がなされていたが、このとき以来その通路が断たれることになったという趣がある。

もう一つは、海底からこの世に来て子を生むトヨタマビメの命の、子を生む姿を見るなという禁が破られたことによって、海と陸との通路が断たれることになったというものである。これも、その時までは自由に往来できたものが、このことあって断たれることになったという趣がある。

この神話によると、この世は、〝生〟の故郷ともいうべき世界と死後の世界との自由な往来が断たれた世界である。トヨタマビメの命の世界は「妣《はは》の国」といわれる。イザナミの命の世界もまた「妣の国」と捉えられる。「妣の国」についてはこれまで折口信夫《おりくちしのぶ》らによってさまざまな理解が出されているが、われわれが生まれて死ぬこの世が、「妣の国」という異境との往来が絶たれた世界であるという認識がここには流れている。かつては往来が可能であった「妣の国」とこの世が、禁が破られることによって断たれるに至ったというのである。

ところで、これらの禁を犯したことについての罪意識が、神話には見られない。罪意識があれば、それは、この世の無限性をとりもどそうとする働きであるが、このような無限性をとりもどそうとする動きはない。あるのは、この世を、「妣の国」との往来が断たれたこの世として受けとめる姿勢だけである。そこには、異境を描きつつも、それとの往来を断念した、この世の生の理解があるということになる。

『古事記』におけるこのような「この世」観は、『万葉集』でも、例えば「斯《か》くばかり術《すべ》無きものか世間《よのなか》の道」などという仕方で受けとめられている。「世間」は、個人に対する社会としての意味ではなく、彼岸《ひがん》的世界に対するこの世界というものであったと思われる。「世間」は、『万葉集』に四十四回出てくるといわれるが、この数は、万葉人の「世間」に対する関心の深さを示している。彼岸的世界への対置としての人間の住むこの世界という意識には相当強いものがあったと思われる。

ところで、彼の世界に対するこの世界としての「世間」の性格をさらにはっきりと表現した言葉として「うつせみ」がある。これまでの研究によると、「うつせみ」は元来「うつしおみ」であり、それが「うつそみ」「うつせみ」となったので、この世の人の姿をして目に見えるもの、この世の人、さらには現世・人間世界の意味であるという。「うつ」は、神代・昔・夢・神々の世界・自然などに対する「うつ」であり、つまり幽でなく顕の、しかも自然界でなく人間世界をさすものであるという。ところで、この「うつせみ」は、父母・妻子とともに生きる世界であり、また大君の命のままにあるべき世界である。それは、恋などさまざまな思いの繁き世界であり、病いと老いと死の、常なく短く、流れて留まらぬ、空しく憂く、辛く苦しく悲しい世界である。

だが、この「世間」の悲しさ憂さを超え出ていこうとする志向を万葉人はもたない。仏教もまだ十分に民衆に浸透せず、そこを志向すべき超越的世界として働いていない。万葉人は、「うつそみ」の悲しさをそれとして受けとめようとする。そこで「すべなし」という受けとめ方が浮び上ってくる。

「すべなし」という言葉は『万葉集』に九十七回ほど使われており、万葉人の心情を理解しようとする時、見落とせない言葉である。そのうちには、ある事を解決する方法がないという意味に用いられることもあるが、人生そのもの、「うつそみ」そのものを、本質的に「すべなし」と捉えるものもある。それは、民衆の気持を歌った歌人であった山上憶良《やまのうえのおくら》（六六〇―七三三）らにもっとも濃厚にあらわれてきている。彼の「世間《よのなか》の住《とどま》り難きを哀《かな》しぶる歌」は、

世間の すべなきものは 年月の流るるごとしとり続き、云々

と歌い出され、

たまきはる命惜しけど せむすべもなし

と結ばれている。彼の有名な「貧窮問答の歌」は、長歌を、

かくばかりすべなきものか 世間の道

と結び、反歌はこれをうけて、

世間を憂しとやさしと思へども飛び立ちかねつ鳥にしあらねば

と歌っている。

この世を超え出ようとするのではなく、これを「すべなし」と受けとめるのである。大君の命のままに妻子と離れなければならないことも、恋に泣くことも、そして死ななければならないことも、それは「うつせみの世の人」であるかぎり、「すべなき」ことであった。

憧憬と断念

「せんすべなし」は、一つの方向としては、仏教によってその救済が求められることになる。しかし、一方には、仏教そのものではない仕方において、ある安定が模索されてゆく。われわれは、その後者の道を、「物語の出《い》で来《き》はじめの祖《おや》」（『源氏物語』）といわれる『竹取物語』に見ることができる。物語の祖といわれる『竹取物語』の世界は、王朝物語の世界の一つの太い基本線を素朴に端的に示しているといえよう。

『竹取物語』前半の求婚物語が、その典拠を中国の民話にもつことは、実証的研究によって明らかにされているが、これからふれようとする部分は、その典拠にかかわりのないところである。

竹の中からとり出されたかぐや姫は成人して美しい乙女となる。この国の人々が求婚する。特に五人の貴公子の求婚談が大きく語られる。かぐや姫は結婚の条件としてとても果たしえないような条件を出す。いずれもがその条件を果たしえない。次いで帝《みかど》が求婚し、かぐや姫が、時が来て月に帰るのを力をもってくいとめようとする。だが、かぐや姫の昇天は、帝といえども、この世の力をもってしては如何ともしがたいものであった。月から来たかぐや姫は、この世の人々とは比類を絶した、目の覚めるような美しさ、「けうら」な存在であった。だから、この世の男たちが、そして帝が恋したのであったが、帝の力をもってしてもかぐや姫を得ることはできなかった。

ところで、かぐや姫の帰っていった月の都は、「いとけうら」であり「老いをせず」「思ふこともな(い)」世界であった。これに対して、この世は老いがあり死があり、穢《けが》れた、もの思いの多い世界である。このように見てくると、この世はただ否定的にしか評価しえない世界であるということになる。しかも、帝の力をもってしてもかぐや姫をとり逃がしたという、月の世界と地上の世界の隔絶感は、この否定的評価を一層決定づける。とすると、『竹取物語』は、ただこの世を否定的に語る物語であるということになる。

しかし、物語は、八月十五夜に月に帰らなければならないことを知ってからのかぐや姫を、「もの思う」かぐや姫と描いている。彼女にとって、月に帰ることは「おのが心ならず」「心にもあら(ぬ)」ことである。

この地上で、あまたの年をへるうちに、かぐや姫は、もの思い涙するかぐや姫となった。「世間《よのなか》」の「あはれ」を知るかぐや姫となった。この世はもの思いのある世界であり、月の都はもの思いのない世界として、憧憬の対象であったが、かぐや姫は、このもの思いのあわれにはまり込み、月に帰らずに、この世にとどまることを願うかぐや姫となった。

月から迎えの使いが来て、いよいよ帰らざるをえなくなった時に、翁や帝とともに彼女はその別れを泣いた。使いの天人が、別れを惜しむ彼女に出発を催促して羽衣を着せようとすると、彼女は「もの知らぬことなのたまひそ」と拒んで、帝への文を書く。文には、帝の恋を受け入れなかったわけが綴られ、別れのこの時において、素直に帝への恋心を書き残したものである。しかし、羽衣を着せられた彼女は、もはや翁をも帝をも「いとほし、かなし」と思うこともなく、「もの思ひ」のない天女となって昇天してしまった。

このように『物語』は、「もの思いのない」月の世界を憧憬しつつも、なお、「もの思いをする」ことに、天上にないこの世の意味を認めている。かぐや姫は「あわれ」を知る者となり、この世の者として生きつづけることを願いつつ、心ならず月の世界に帰っていったのである。この世は、もの思いの尽きない世界である。だがまた、物のあわれを知る世界なのである。そこに、この世のこの世性があり、この世においてのみふれうるよさがあるのである。『竹取物語』は、月の世界を理想の世界と憧憬しつつも、それがこの世の全否定とならず、この世においてしかふれ得ないもののある世界として、この世を捉えているのである。

さて、かぐや姫は不死の薬を帝と翁に置いていった。しかし、かぐや姫とともに生きるのでない永生には意味がないと、帝は不死の薬を、かぐや姫にあてた文《ふみ》とともに富士の山の頂《いただき》で燃やした。

富士の頂は、月の都に一番近いところである。その頂から、不死の薬と文の燃える煙が今も立ちのぼっているという。

帝のかぐや姫への恋慕の情はやまない。山頂から月へと立ちのぼる煙は、恋慕の情を示している。しかし帝は月とこの世との隔絶を知っている。不死の薬を燃やしたのは他面その断念を示している。帝は絶ちがたい恋慕の情をもっているが、月の世界との隔絶を知っている。隔絶を知っても恋慕の情は消えない。帝が富士の頂で不死の薬と文を燃やした行為は、この鬱情をはらす行為ではなかろうか。はらす行為は、一面において恋慕の情を示す。だが、鬱情は外に吐き出されることによって癒《いや》されていく。しかも、ひとすじの立ちのぼる煙として、このはらす行為が宇宙に位置をもつ時、帝の心も、悲しみを残しながら、そのまま大いなる宇宙に位置づけられてくるのではあるまいか。

このような心のありようが、「あきらめ」といわれるものではあるまいか。「あきらめ」は一面にあくまでも恋慕を残している。恋慕の情を残しつつあるがゆえに、「あきらめ」なのではあるまいか。立ちのぼる煙は、帝のこのような「あきらめ」への営みと、その営みによってもたらされた帝の心のある安定を示しているのではあるまいか。

宇宙の一点に、一本のすじを引いて今に立ちのぼる煙は、ただ帝の心だけでなく、また、この世の人間の宇宙における位置を示しているのではあるまいか。もの思うあわれをこの世のものとした『竹取物語』は、また富士の煙において、そのもの思いを、「あきらめ」というある安定にもち込んでいる人の世のあり方を示しているのではあるまいか。

憧憬の世界は至りえない彼方にある。憧憬するものをわが物となしえない時に、自らの存在が根底から崩壊する可能性がある。だが、「あきらめ」は憧憬を残したまま自らを安定にもたらしてゆくものである。至りえない憧憬の世界を彼方に描く者にとって、「あきらめ」は生の支えである。「あきらめ」という自己救済は、日本人の心のあり方として大きな問題である。

遁世への感傷

仏教的な救済に収斂されえない一つの安定への道を述べたが、実は仏教的救済と見られるもののうちにも、同じような心の構造が見られる場合がある。中世の説話文学の一つ『閑《かん》居友《きよのとも》』をとり上げて考えてみる。

『閑居友』は九条家の出である慶政上人《けいせいしょうにん》（一一八九―一二六八）が承久の乱の頃、書いたものである。後高倉院の皇女姉妹の求めに応じて、一種の女性に対する教化の書として書かれたともいわれる。『発心《ほっしん》集《しゅう》』『撰集抄《せんじゅうしょう》』と並ぶ、中世仏教説話文学の代表的なものの一つである。

上人は、出家であるが、さらなる出家としての隠遁を求めた。その隠遁を求める姿勢がここでは問題である。

『閑居友』は、まず平城帝の皇子真如《しんにょ》親王が仏教の聖地天竺（インド）に渡ろうとしてシンガポール付近で虎に食われて死んだ話からはじまる。それは、慶政自身の天竺への憧憬を根底にもって綴られたものである。だが、慶政は憧憬をもちつつも自ら渡天を企てようとはしない。高貴な親王の捨て身の渡天行の、そしてその最後のあわれさへの詠嘆が書きつづられているが、しかしこの詠嘆には、彼自らを憧憬する天竺へとつき動かすものはない。この真如親王の描き方は、彼が憧憬する隠遁者たちの描き方にもつながる。

彼が描いた隠遁者たちの遁世行は、『摩訶止観《まかしかん》』の「徳を縮め、悪をあらはし、狂を揚げ、実をかくせ」「もし、あとをのがれんに、のがるる事あたはずば、まさに一挙万里すべし」「徳をかくさんとおもはば、そらもの狂ひをすべし」という教えを地で行ったものである。しがらみの世にあっては、名利を求める心が、已れの内面にうごくからである。内面にある名利にひかれる可能性は、狂えるごとく走り出るといった仕方においてでなくては絶ち切りえないのである。

ところで、慶政がこれらの隠遁者の遁世行を語ったのは、その遁世行を語ることによって遁世者らに結縁し、結縁によって、臨終における彼らの来迎を、したがって救済を願ったものである。遁世者を語ることは、彼自らを遁世へかりたてるものではない。彼は、

あはれ、仏のかかる心をあたへ給ひて、ただいまもはしりいでて、(走)あとかたなく、ひとりかなしみ、ひとりなげきて、袖《そで》をおさへ涙をながしてあらばやと、なげけども、かひなくて、

年もかさなりぬるぞかし。

という。慶政もまた、遁世者のごとくあろうとは願う。しかし、踏み切る心が起こらないのである。そこで彼は、踏み切る心が起こらないのも「さるべき契《ちぎり》」であろうかという。そして、

かかるまゝには、ただかやうの人のあとをおもひいでて、した《（慕）》ひかなしみて、心をやすめ侍れば、せめてのむつましさに記しいれ侍ぬるなるべし。

という。彼は、遁世者を切なく慕うのであるが、その切なさを筆に綴る時に、ある心のやすらぎが得られるというのである。遁世を願いつつもそれへ踏みきれない彼は、遁世者を切なく慕うことによって、あるやすらぎを得ようとするのである。

慶政は、夕べの野寺の鐘の響きは、ひときわ「かなしく涙もとどまらず」おぼえるとして、「あはれ、仏のたすけにて、つねにかやうにのみはべれかし」と願い嘆いている。遁世を求めて果たしえない悲しみは、夕べの野寺の鐘の響きにおいて、一層その悲しみをますのであるが、彼はこの悲しみに常に住することを求める。それは、きびしいがなお一種の感傷であり、感傷にひたりつづけることを求めるものである。まことのあり方を彼方に描きつつ、それを果たしえない自分を嘆く、その嘆きへの沈潜に、あるやすらぎという一つの救いを求めようとするものといえよう。

彼は、先に引いたように、世を捨て得た人をも「あとかたなくひとりかなしみ、ひとりなげきて、袖をおさへ涙をながしてあらばやとなげけども」と憧憬していた。世捨て人を「ひとりかなしみ、ひとりなげく」と捉えること自体、感傷的な慶政の見方を示しているが、この憧憬する世捨て人のあり方と、世を捨てえずに彼らを「したひかなしむ」あり方とは、ほとんど実質的に重なってくる。「したひかなしむ」の持続は、それ自体において、世捨て人の心境にこよなく近づくものであるといえよう。

この点は、慶政がしばしばいう心の「すむ《(澄)》」境地を考えると一層はっきりする。彼は、世捨て人が「ひとりかなしみ、ひとりなげき、袖をおさへて涙をながしてあ(る)」のを「いみじくすみわたりてぞ侍ぬべき」と予想する。しかし、彼自らが、自然を友として「窓のまへに涙をおさへ床のうへにおもひをさだめて侍」ることも、これまた「なにとなく心もすみ渡り侍れば」という。

彼がいう「すむ」とは、例えば、「嶺の松かぜにおもひをすまさむ事、のちの世のためとはおもはずとも、すみわたりてきこゆべきにや」のごとく、必ずしも仏教的な内容をもつものではない。そして、世捨て人がひとりかなしむのも「すむ」であり、その「すむ」には、彼が今のままでも近づきうるものであった。彼方への憧憬をもちつつも、そこへ至りえぬ今の状態にも、ある安定に至るものを認める姿勢がここには示されているといえよう。彼方を憧憬しつつも、そこに至りえぬ己れを嘆くことへの沈潜に、心の安定をみようとするこのあり方は、先に述べた『竹取物語』の帝の心につながる。そしてこれも、「あきらめ」の一つの様相といえよう。

悲しみと安心

さて、「あきらめ」をもっとも思想的に展開した思想家は本居宣長である。彼において、それは「せん《(為)》すべ《(術)》なし」という言葉で捉えられていた。例えば、

禍津《まがつ》日神《ひのかみ》の御心のあらびはしも、せんすべなく、いとも悲しきわざにぞありける。

(『直毘霊《なおびのみたま》』)

といわれる。宣長において、この天地のすべてのことは神々の所為《しわざ》であり、神々のうちには悪神、禍津日神もあった。悪神のすさびは、人々にとってせんすべのないことであった。禍津日神は神話に出てくる神であるが、この神を悪神として捉えた者は意外に少ない。むしろ宣長が例外的ですらある。宣長の弟子すじにあたる平田《ひらた》篤胤《あつたね》（一七七六―一八四三）ですら、それは悪をこらす神であってむしろ善神である。石川《いしかわ》雅望《まさもち》（一七五三―一八三〇）は『ねざめのすさび』に宣長の禍津日神論を、記紀以来千年、いまだかかる説をなしたものはないと批判している。宣長の禍津日神論がいかに特異なものであるかを示し、ひいては、この世の不如意性を、宣長が、他に比して、いかにより強くうけとめていたかを示している。このことはまた、宣長が、「せんすべなし」というあきらめを正面からとり上げた注目すべき思想家であることをも示すことになろう。

宣長のあきらめ論を最も端的に示すものをあげることにする。それは彼の死生観にかかわる。死を前にして、人間にはいかなる「安心《あんじん》」があると宣長は説くだろうか。この質問に対して、宣長は、特別の「安心」などというものはない、いらぬと答える。彼は、この世の日々を神々の御心のままに生きることがすべてであり、例えば仏教のごとく、死を悲しまぬためにあれこれと説くのは、すべてさかしらであり真実でないという。神道に「安心」論はなく、元来いらぬものであるという。

だがまた宣長は、一歩譲歩して次のようにもいう。すなわち、仏教や儒教の安心論にまどわされた者が、どうしても何らかの安心を求めないではおられないとすれば、それは、人はよくてもわるくても、すべて死ねば黄泉《よみ》の国に行くものだと受けとめること、それが「神道の安心」だというべきであるという。死ねば黄泉の国に行くべきものと神が定めたところを、しかとそのままに受けとめることが安心であるというのである。いいかえれば、これ以外に特別な安心などはないと、しかと受けとめるところに「神道の安心」があるのだというのである。これは、宣長の「安心なき安心」論として知られるところのものである。「安心なき安心」とは、篤胤の「師の翁は、その安心のなきぞ、吾が古道の安心なるとやうにいはれつれど、云々」(『霊能真柱《たまのみはしら》』)という言葉をつづめたものである。

ところで、この安心論をめぐって特に注目すべき点は、宣長が、安心なき神道の安心を述べた後に、だから、儒仏渡来以前の日本人は、来世がどうあるかなどという理屈を言うことなく、ただ、死を悲しむほかはなかった、というところである。安心論が述べられているのは『鈴屋答問録《すずのやとうもんろく》』所収の書簡であるが、その前半に、右のような安心なき神道の安心を説きつつ、これをうけて彼は、

御国にて上古、かかる儒仏等の如き説をいまだきかぬ以前には、さやうのこざかしき心なき故に、ただ死ぬればよみの国へ行ヶ物とのみ思ひて、かなしむより外の心なく、これを疑う人も候はず。

と書きつづけている。神道の安心を説いてきて、いわば突如として「悲しむより外の心な(し)」と

いうのは一見異様である。安心と悲しみとは矛盾するように思われる。しかし、まさにここに宣長の思惟の基本が垣間見られるのである。

われわれ人間としては、死は、まさに悲しむよりほかなきことであり、死を悲しむということ自体に、ある心の安定があるというのが宣長の理解である。生まれたままの「真心」を説いた宣長は、いのち長からまほしくと願う人間を考える。その人間にとってきたなき黄泉の国に行くという死のさだめは、悲しいことである。だが、この悲しいことを悲しむ、まさにそのことに安心があるというのである。

先に述べたように、天地のすべての事は、神々の所為《しわざ》であった。悲しい事、うれしい事、すべてそれは神々の所為であった。神々が、悲しかるべき事として定めたことを悲しむことは、それはまさに神々への随順であるという。悲しむことが神々への随順であるがゆえに、悲しむことそのことに安心がある。「せんかたなし」と悲しむことに安心があったのである。神を媒介にするものであるが、ここには「あきらめ」というべき、ある心の安定のあり方が端的に説かれているといえよう。「あきらめ」は悲しみを超えるものではない。悲しみが残されたままの或る心の安定が「あきらめ」である。

宣長の「あきらめ」論として最も注目されるのは、この悲しみを悲しむことに安心があるという理解であるが、これは神道を特に正面からとり上げた彼の後半生における理解である。しかし、

「物のあはれをしる」の論をもって歌を基礎づけていた前半生にも、宣長の考え方の基本には、この「あきらめ」につながるものが流れていた。

さて、「物のあはれをしる」ということは、悲しいことをア、悲しいと受けとめる、うれしいことをア、うれしいと受けとめることであった。儒仏の影響によってしみついた理屈を事とするさかしらな心をとり除く時に、人間の本性であるこのあわれを知る心に立ち返るというのである。ところで、宣長は、

物のあはれしる人は、あはれなることにふれては、おもはじとすれども、あはれにおもはれてやみがたし。

やみなむとすれども、心のうちにこめてはやみがたく、しのびがたし。

されば、あはれにたへぬ時は、必覚えず、自然と歌はよみ出らるる物也。

かくの如く、あはれにたへずして、おのづからほころび出ることばは、必《かならず》長く延きてあやある物也。これやがて歌也。(『石上私淑言《いそのかみささめごと》』)

という。これは、「物のあはれに堪《た》へぬ時は、いかなる故にて歌のいでくるぞや」という設問に答えたものである。彼は歌をこのように「物のあはれをしる」によって基礎づけたのである。

彼によれば、人は、切に悲しく耐えがたい時には、その悲しみをつぶつぶと語る。つぶつぶと語っても、なお耐えがたく忍びがたい時には、おぼえず声をあげてア、悲しい悲しいと長く叫んで、

「胸にせまる悲しさを晴らす」。その叫びは、おのずから程よく文《あや》あって、声長くうたうものとなる。それは「こよなく慰むもの」となる。これが歌であるという。

あわれに耐えがたい時には、叫ばないではおられない、歌わなくてはおられないのであるが、そのことによって、心の思いは晴らされ、慰められてゆくというのである。これは、悲しみをもたらした不如意な事態の解消を意味するものではない。不如意な事態は解消されないまま、その悲しみの心がある安定にもち込まれることを意味する。『竹取物語』の帝が、山頂に煙を立ちのぼらせることによって、ある安定に自らを持ち込んだように、声を長く文をなして歌うことによって、ある安定に己れを持ち込むものである。

宣長は、その前半生において、すでに、このような考え方を持っていた。そして、後半生において、先に述べたように、悲しみを悲しむこと自体にある安定を見るに至った。後半生においても、もちろん、歌は歌われているが、安定に至る仕方としての歌の役割の重さは後退している。そこでは、悲しみを悲しむこと自体に安定を見ようとするものがある。悲しみを悲しむ時に、歌は歌われてくるであろう。そして歌うことによって安定がもたらされてくるであろう。しかし、後半生の宣長においては、歌を歌うことが、より一般的な悲しみを悲しむことに吸収され、一般的な悲しみを悲しむこと自体に安定への道が見られているといえよう。

歌論時代の宣長と神道論に正面からとりくんだ宣長とは、思想的にある推移を示している。しかし、あわれあるいは悲しみにひたること自体に安定への道を見ることにおいては一つである。「せんかたなし」という立場においては貫かれるものを見るのである。

宣長において「あきらめ」は、憧憬するものに至りえない悲哀感に、自らの身をまかせるところに得られるある心の安定である。これは、日本人の「あきらめ」という心のあり方の基本的な性格を、端的に示したものではなかろうか。

夢幻能の舞

鬱積する心を外にはらすことによって、心がある安定を得るという構造は、時代がさかのぼるが謡曲においてもしばしば見られるところのものである。夢幻能において、亡魂はその妄執のわだかまりを語り、あるいは舞うことによって、亡魂はあるやすらぎを得ることになる。ただ、謡曲においては、心をはらし、ある安定をうるためには、人がこれを受けとめてくれることを必要としている。それは、「あきらめ」の一つの側面を示すものといえよう。

亡魂は、その妄執の苦しみのゆえに弔《とむら》われることを求めて、化身となり幽霊となってあらわれてくる。それは、妄執に苦しむ亡霊として、己れの所在を人に知られることを求めるものであり、さらに、その妄執の内容を語り、人に知られるためである。亡霊は、語ることによって、弔われることを求め、やすらぎを求めるのである。

例えば『忠度《ただのり》』において、忠度の亡霊は、弔われることを求めてあらわれる。亡霊は、彼の歌が

「読人知らず」として『千載集《せんざいしゅう》』に載せられたことをめぐる鬱情を、「都への言伝《ことつて》」という仕方において語る。言伝をするために、亡霊は、日を早く暮れさせて旅僧の足を留める。語りおえて忠度の亡霊は、弔われることを求めつつ消えてゆく。

『二人静《ふたりしずか》』においても、静の亡霊は弔われることを求めてあらわれるが、舞を見せてくれれば弔いましょうと、舞を求められる。亡霊は、なつかしい舞を舞う「時」が来たことをよろこぶ。静の亡霊の妄執なる鬱情はさまざまであるが、白拍子であり舞の名手であった彼女にとって、頼朝《よりとも》の前などではなく、はれやかに舞を舞うことは、彼女の願いであり鬱情であった。ワキの所望はその鬱情をはらすものである。舞を舞って、静の亡霊もまた弔われることを求めつつ消えていった。

忠度や静の亡霊にとって、その妄執を語り舞うことは、その鬱積した心をはらすものであった。語り舞うことは、他面からいえば、彼らが弔われるものとなることである。弔われるものとなって彼らは消えていったのである。弔われることを求めることは、必ずしも〝成仏〟を求めるものではない。弔われること自体が問題であろう。忘れられた不安定さに比べて、弔われるということはある安定した状態である。亡霊は、実質的には、この安定を求めたのである。妄執を語り、舞うことは、弔われることになるという形で、亡霊が鬱情をはらす行為であったことを示しているといえよう。謡曲のつくられた時代は仏教的教養の時代であったから、弔うとか仏果とかいう仏教的な概念が用いられているが、これらは必ずしも厳密な仏教的な意味をもつものではあるまい。仏教的な用語をもって語られたものの実質を理解する必要があろう。

一章にもふれた『清経《きよつね》』における清経の亡霊のごときは、その自殺をうらむ妻の恨みを恨み、その入水のわけを妻に語りかける。『清経』には、亡霊を弔うワキの僧は登場しない。ただ、かく語ることによって、清経の亡霊は「仏果」を得てゆく。これは、鬱情妄執を語ることが、ただちに救済につながることを示しているといえる。忠度や静においても、語ること舞うことが、彼らにある救いをもたらしているのである。

謡曲においても、このように鬱情をはらすことにおいて、ある安定が得られる構造が示されていた。ただ、謡曲では、亡霊が語る鬱情を、この世の人が受けとめることが大きな要素となっている。人がその鬱情を受けとめてくれた時に、妄執がはらされ、慰められるという構造になっている。しかし、この点については宣長も、

いたりてあはれの深き時は、みづからよみ出ᵈたるばかりにては、猶《なお》心ゆかずあきたら(晴)ねば、人にきかせてなぐさむ物也。人のこれを聞てあはれと思ふ時に、いたく心のはるる物也。

といい、さらにまた、

歌といふ物は人の聞てあはれとおもふ所が大事。(『石上私淑言』)

とすらつけ加えていた。

人があわれと受けとる時に、いたく心がはれるというのは、人倫的場において同情共感を得る時

に、ある心の安定が得られるということである。これは、一章で「ただ情あれ 朝顔の花の上なる露の世に」をめぐって述べた「ともに悲しむ《ミットライデン》」の問題につながる。ミットライデンによる無常という悲しみからの救いは、完全なる救済ではないが、そこにはある安定がある。あきらめは、同情共感があるところにさらに促進されるのである。弔うということは、この同情共感を仏教的な言葉をもって示したものである。

なお、このように考えてくると、『平家物語』の材料となったものの一つに琵琶法師の怨霊廻向《えこう》の語りがあったのではないかという説にも興味がもたれてくる。死者は語らないから、死者に代わって彼の妄執を人々の前に語ることが、死者への廻向になるという考え方である。現在の『平家物語』が廻向として語られたということは認めにくいが、『平家物語』の、滅びたすべての者へのあたたかい目には、『平家物語』成立過程におけるこのような背景が感じられる。古代の語りは神意を語るものであり、中世の語りは怨霊に代わって語るものであり、それが廻向となったといわれる。とすれば謡曲は、怨霊自らに語らせる構成に転じたといえようか。そこには、みたましずめとしての鎮魂の心が働いていることになる。しずめられた御魂のやすらぎと、「あきらめ」というある安定は、構造的に遠くへだたるものではあるまい。

ある憧憬する世界をもちつつ、そこに至りえないことを知って、なお己れをある安定に持ち込むあり方が「あきらめ」の基本構造であろう。以上は、この「あきらめ」的な思惟をめぐって考えるところを述べたものであるが、「あきらめ」の最後に、もはや「あきらめ」とはいえないような、「あきらめ」を突き抜けた「あきらめ」ともいうべき心の姿勢についてふれておきたい。これは次に述べる「覚悟」にも入らない。その意味では、やはり「あきらめ」の一つのあり方であるといえよう。

なお、あえてここにそのような問題をとり上げようとするのは、先に謡曲のいくつかにふれたこととも関係する。謡曲の若干を読んで、私が強烈な印象をうけているのは『忠度』でも『二人静』でも『清経』でもない、これからふれようとする『姨捨《おばすて》』だからである。謡曲にふれて『姨捨』にふれないわけにいかないというところもある。『姨捨』の世界は、これを「あきらめ」と捉えるとすれば、その「あきらめ」には、センチメンタリズムはまったくない。それは凄絶と形容してよいような「あきらめ」である。『姨捨』は世阿弥《ぜあみ》（一三六三―一四四三？）の作とも伝えられているが明らかでない。作者が誰であったとしても、この『姨捨』の老女を作り出した作者の心には、凄絶な「あきらめ」、「あきらめ」をつき抜けた「あきらめ」の境地が見えていたように思われる。

『姨捨』は姨捨伝説によるものであるが、ここには捨てられたことへの恨みは微塵もない。あるのは捨てられてある老女の亡魂の孤独感である。孤独というより孤絶といったほうがよい。捨てられた老女の霊は八月十五夜に都からの旅人の前に「白衣《はくえ》の女人《にょにん》」としてあらわれ、月光の下に舞う。しかし、夜がしらじらと明けそめると、老女の姿は旅人に見えなくなる。かくて旅人は去り、老女は再び「独り捨てられ」た身となる。そして、「昔こそあらめ今もまた」、「姨捨山」と化してしまう、という筋である。

老女には人恋しさも残されているが、老女があらわれてきたのは、むしろ人とともに見た八月十五夜の月である。月にその孤絶を慰《なぐさ》めようとするものである。俗情を絶した老女の亡霊が、その孤絶を月に慰めようと舞う舞は透明な清らかな美の世界である。清らかさは月光の清らかさでもある。しかし、老女の舞が俗情を絶した孤絶の老女の舞であることにもよるであろう。

しかし、老女の霊は、月光下の舞に心を慰めることができない。この一曲は、『古今集』の、

わが心 慰めかねつ 更科《さらしな》や 姨捨山に 照る月をみて

をもとにしているように、「無辺光」の月も、老女の孤絶を慰め救いとるものではなかった。『古今集』には、

月みれば 千々にものこそ かなしけれ 我が身ひとつの 秋にはあらねど

という歌があるが、衆生を救済する「無辺光」の月は、また「無常」の月であって、老女の孤絶感をいやましに深からしめる月でもあった。月光のもとに慰めを求めて舞う老女は、その慰めを求めて舞を舞ううちに救済されない者としての孤絶をいやましに感じないではおられなかった。歓喜と孤絶へ突きもどされるという二つの方向が一つになった舞である。「慰めかねつ」は、この曲ではこのような心を捉えたものとなっている。

夜があけそめて、老女は再び捨てられる。そして「姨捨山」と化する。山に化するというのは、老女の孤絶感が底もなく落ちこむ孤絶としてではなく、その孤絶感が山として実体化されていることをいう。姨捨山は、まず無機的な自然であるが、単なる無機的な自然ではない。姨捨山は姨捨山として存在する。この天地に存在感をもってある。天地のうちに確かにあるということはある安定である。「姨捨山となりにけり」は、孤絶という徹底的な疎外が、その孤絶のままに、この天地のまにまにある位置を得て存在することである。『姨捨』の作者は、このような心の世界を捉えたのである。「白衣の女人」は次の八月十五夜にも現われ、慰めかねて、また姨捨山と化するであろう。慰めかねる老女に残る不如意感は年に一度の動きとなる。しかしそれもまた、八月十五夜が年に一度めぐってくるという、天地のおのずからのいとなみと一つに化した姿である。孤絶の老女の霊は、天地のうちに、天地のひとすみに、天地のまにまにありつづけるのである。もはや「あきらめ」とはいえないような「あきらめ」が、ここにあると思われる。

覚悟

「あきらめ」を考えてきた本章では、「あきらめ」とのつながりをもつ「覚悟」が問題になってくる。もっともきびしい覚悟は「死の覚悟」であるが、一般的には、今日でも、例えば仕事がきびしいことは覚悟しているという仕方で用いられている。

「あきらめ」と「覚悟」は深くつながるものであるが、また同じものでもない。「あきらめ」は、これまで述べてきたように、その一般的傾向をいえば、何ものかへの憧憬をもちつつも、その不如意を嘆く時、その嘆きのうちに次第に定着してくる心のある安定であるが、「覚悟」は、不如意の嘆きのただよいが、そこに次第にある安定を沈澱させることを待つのではなく、不如意の嘆きのうちにおいて、すすんで自己制御的に断念を決意するものといえよう。このように、「覚悟」は「あきらめ」とつながる。しかし「覚悟」は、「あきらめ」に対して、自己制御的であり、積極的であり行動的である。

覚悟は、覚も悟も「さとり」であるが、仏教者の悟りとは別物である。覚悟を特に問題にしたのは武士であったが、武士の覚悟が仏教者の悟りと異なるものであることを伝える話がある。武田信玄およびその子勝頼《かつより》の生き方をつづった『甲陽軍鑑』に、武士は仏教に関心をもつべきであることが説かれている。だがまた、あまり深入りをしてもいけないと書かれている。たとえば『碧巌録《へきがんろく》』は読むべきであるが、七巻までにとどむべく、全十巻を読むと出家心がわいて武士を廃業することになるからいけないという。覚悟とは、まさに『碧巌録』七巻までにおいて形成されるものであり、その意味で仏教において養われるものではあっても、仏教そのものではない。

仏教者の悟りと武士の覚悟との違いは、仏教者の悟りには悲壮感がなく、武士の覚悟には悲壮感があるところに端的に示されている。明治のキリスト者、内村鑑三が、武士をたたえた言葉のうちに、武士には「崇高な悲壮感」があったというものがある(『余はいかにしてキリスト信徒となりしか』)。覚悟にはこの「崇高な悲壮感」がただようのである。それは、覚悟が「あきらめ」を決意したものであるからである。

近世中期に書かれた『常山紀談《じょうざんきだん》』に次のような話が載せられている。〝ある主従がともに那須与一の平家琵琶を聞いた。琵琶を聞いて涙した主君に、このような勇壮な話を聞いて、なぜ泣くのかと武士がたずねた。すると質問をうけた武将は、今までお前をたのもしい武士と思っていたが、この質問をきいて失望した。与一は、もし扇を射そこねたら腹を切る覚悟をしている。与一の心中を思う時には、涙しないでおられないと言った〟というものである。悲壮な覚悟をふまえて立つところに武士の理想が捉えられていたことを、この物語は端的に語っていると思われる。

武士はあくまでもはっきりと現実にとどまる。『碧巌録』全十巻を読むことが戒められたように、武士にはむしろ愚にかえり、名利に生きることが求められた。武士にとっては、何よりも「勝つことが本にて候」(『朝倉宗滴話記』)であった。しかしその時、武士は常に、その次の瞬間の死にさらされている。次の瞬間の死にさらされながら現実に生きる。その緊張に武士の覚悟が生まれる。

武士が死を覚悟したという時、それは悟って生死を超越したものではない。和辻哲郎は、「死の覚悟」を「死生を超えた立場」と比較して、「まだ自分の身命にこだわっている」と規定したことがある(『日本の臣道』)。このように「死の覚悟」は依然生命へのこだわりを残している。あるいは依然妻子へのこだわりをも残しているのである。できうれば、長生きしたい、できうれば妻子とともにありたいという願いは依然ある。しかし、それらを、覚悟は「思い切」っている。思い切るところに覚悟がある。だから、覚悟には悲壮感が纏綿《てんめん》するのである。もともと、覚悟は鎌倉時代の『平家物語』などにおいては、「思い切る」という言葉で捉えられている。

実盛《さねもり》は今度のいくさに討死せうど思ひきッて候ぞ。

あるいは、

こぞの冬の比《ころ》鎌倉をいでしより、命をば兵衛佐殿にたてまつり、かばねをば一谷《いちのたに》でさらさんとおもひきッたる直実《なおざね》ぞや。

という具合である。思い切るには常に悲壮感が纏綿しているのである。

ところで、覚悟は一般に、兼《かね》ての覚悟といわれる。兼て心の用意をして、いかなる事態になっても、うろたえることなく、われなしにならぬことを求めるものである。有名な『葉隠』の、

武士道と云は、死ぬ事と見付たり。

も、いかなる事態においても「二つ〳〵の場にて、早く死ぬ方に片付ばかり」との兼ての覚悟を求めたものである。「死ぬ事と見付たり」は、『葉隠』が武士に求めた覚悟である。

『葉隠』は、一生を「きれいに」「いさぎよく」生き切ることを求めた。どのみち「人間一生誠に纔《わずか》の事」であるから、この一生を「きれいに」「いさぎよく」、つっ切れというのである。死はまたたくうちに足下に来るものであるがゆえに、「随分精を出して早く仕廻《しまう》筈なり」（聞書二）という。「きれいに」「いさぎよく」生き切ることが問題なのである。「きれいに」「いさぎよく」生き切るに

は、特に「仕廻口《しまいぐち》が大事にて候」である。何事にても事の切り上げ方が大事である。「一生も如レ斯にて可レ有レ之候」（聞書二）である。

すでに一章でもふれたが、『葉隠』は、主従の契《ちぎ》りに生きることを求めた。それは、さまざまな欲望の渦巻く主従関係ではなく、夢幻観によって濾過され、理念的なものとして捉えなおされた第二次的現実ともいうべき主従関係である。主従の契りは、『葉隠』にとっては絶対的なものである。この主従の契りに「一生誠に讒」な自己の身命への執着を残しつつも、つまり悲哀を残しつつも、われを失うことなくいさぎよく死ぬ、それが「死ぬ事」であり、『葉隠』が武士に求めた覚悟である。

『葉隠』はさらに、鍋島の藩祖直茂《なおしげ》の孫元茂への教訓として、

上下によらず、時節到来すれば、家が崩るるもの也。その時、崩すまじきとすれば、きたな崩しする也。時節到来とおもわば、潔《いさぎ》よく崩したるが能《よき》也。其時は抱へ留る事も有。（聞書三）

という。鍋島主従の契りの絶対性をうたう『葉隠』ではあるが、藩主自らが、鍋島家の没落を覚悟し、この世の生のきれいさ・いさぎよさを求めた。「死ぬ事と見付たり」は、この世の生を「きれいに」「いさぎよく」生き切る「覚悟」である。

このように、覚悟には二面があった。その一面の極限をいさぎよい死の覚悟とすれば、その反面

には、常に、生命を賭しても守るべきものを守るという覚悟があった。名誉を生命《いのち》より貴いと見る者は、生命を賭しても名を守ろうとした。奉公や倫理に生きることを己れ一個の生命より貴いと見る者は、生命を賭して奉公・倫理に生きた。覚悟は常にこの二面を内容としてもっていた。

覚悟には常に悲壮感がともなっていた。それは、生命への執着を、あるいは妻子への未練を超えきれていなかったからである。だが、これを思い切る武士は、生命を賭して守るべき何ものかをもっていた。その守るべきものを守るべく、未練を兼て思い切ることが覚悟であった。覚悟が、願望を残しつつ、これを思い切ることにおいて、「あきらめ」につながりつつも、自己制御的であり、積極的な行動的な姿勢であることは、この点にある。「あきらめ」にあるものが悲哀感であれば、覚悟にあるものは「崇高な悲壮感」である。

「あきらめ」をとり上げて、覚悟にもふれた本章を終るにあたって、このまま筆をおくには、なお心残りな一つの問題がある。それは『西鶴置土産《さいかくおきみやげ》』（井原西鶴）の主人公たちのことである。彼らの境地は、「あきらめ」の境地というものであろうか。あるいは「覚悟の前」という境地であろうか。しかし、彼らには何の悲哀感も悲壮感もない。彼らはそれをつき抜けている。

『置土産』の主人公たちは、かつては色巷の大尽として栄華にときめいた者のなれのはてであるが、彼らはわずかにかまどの煙をたてるその最低の日々を、何ものにもこだわることなく送るのである。作者は、なかなか生きては何の甲斐《かい》もなき事ながら、その身になりては死なれぬものと見えたり。

というが、主人公たちは、その死なれぬ生を何のけれんみもなく生きている。彼らは、過去の栄華を追うことをしない。また、過去の振舞いを後悔もしない。ただ彼らは、おちぶれた今のなりわいとしての餅店ののれんに昔の大夫《たゆう》の紋を染めぬく。あるいは、かつての「よねぐるい（娼）の意気地をかたる」。だが、彼らはそれにこだわってはいない。まったくこだわりがないがゆえに、大夫の紋を染め、よねぐるいを語るのである。こだわりがなく、今の己れのありのままに生きるところに、大夫の紋があり、よねぐるいの昔語りがあるのである。これは、先にも述べたように、「あきらめ」というには何の悲しみもない。「覚悟の前」の日々としても、ここには悲壮感がない。「あきらめ」も「覚悟」もつき抜けた、もはや、さとりに近いあり方であるとすら考えられる。

思えば、戦国武士は、次の瞬間の死を覚悟して彼らの名利に生きた。だから状況がわれに不利となった時、いさぎよく死についた。ところで仮名草子の『恨《うらみ》の介《すけ》』の主人公は、高貴な女を恋いこがれて死んだ。ついでにいえば、恨の介の死を聞いて女も死んだ。この恨の介は、好色の戦場に生きて、いさぎよく散った趣がある。こう考えて『置土産』の主人公たちを思えば、あるいは、死なずに「世をかろく暮して埒《らち》をあける」彼らの日々は、いさぎよい死を死んだ後の生のようなものであったといえよう。彼らは何ものをも超え、今に生きているようにも思える。「あきらめ」も「覚悟」も、そこに徹すると、一種の悟境につき抜けることになるのであろうか。

彼らの埒《らち》のあけ方、死なれぬ生のうけとめ方は、彼らの死に対するこの世の生そのものの理解を問題にさせるものがある。『置土産』の主人公たちだけに限らない。「あきらめ」についても、「覚悟」についても、その根底にある生と死の理解をおさえたうえでなければ、十分な理解に達することができない。この点は次の章で改めて考えることにする。「あきらめ」と「覚悟」の理解は、もともと「生と死」の理解と切り離すことができないものである。

さらにいえば、われわれには、「あきらめ」や「覚悟」がなぜ可能かという問題が残されている。たとえば、宣長の「せんかたなし」という「あきらめ」を述べた時に、宣長が神をもち出していたことを見た。神が悲しむべきものとして定めたことを悲しむがゆえに、悲しみを悲しむことは神への随順であり、そこに、ある安心があるという考え方であった。すなわち、宣長においては、何らかの人間を超えたものとのかかわりにおいて「あきらめ」は可能であった。「あきらめ」や「覚悟」を十分に理解するためには、それを可能ならしめた、日本人の現実を超えるものへの理解を究極においては追わなくてはならない。この点については、次章、および特に八章においてとり上げることにする。

六・七・八の三章は、日本人の心をより宗教的な情操の側面から追ったものであり、三つの章がひとまとめのものとして読まれることを期待する。六より七、七より八と、より宗教性の強い問題がとり上げられていくことになる。五章までにとり上げてきた、よりこの世の現実の地平での生き方・考え方にも、当然、その背後に宗教的な情操による裏打ちがある。例えば一章における同情共感という人と人とのかかわり方は、本章では「あきらめ」とのかかわりで考えられている。

本章にとり上げた問題に直接間接、参考になる文献は次の通りである。

折口信夫「妣が国へ・常世へ——異郷意識の起伏」
「古代生活の研究——常世の国」(『折口信夫全集』第二巻、中央公論社)
高木市之助『貧窮問答歌の論』(岩波書店)
野口元大『竹取物語』解説(『新潮日本古典集成』)
増田正造『能の表現』(中公新書)
廣末　保『西鶴の小説』(平凡社選書)
小林秀雄『本居宣長』(新潮社)

七章 死と生

四十九年 一酔の夢
一期の栄華は
一杯の酒にしかず
柳は緑にして 花は紅
——伝 上杉謙信

一章に述べたように、人間関係を重視する傾向の強い日本人にとって、死は「こときれ」など個的な生命の終焉《しゅうえん》とともに、「わかれ」などと、人間関係からの別離として捉えられる。一般的な日本人の死の感覚は、この両面の重なりのうちにあるであろう。さらに日本人の死の感覚は、無常観によって深く洗われている。しかも、しばしば言われるようにそれは無常観というよりは無常感である。個の終焉・人間関係からの別離としての死も、基本的には無常感の詠嘆をもって受けとめられてくる。それは恐怖であるよりは悲しみである。

キリスト教において、死は、「罪によって死は世に入り、凡《すべ》ての人、罪を犯しし故に死は凡ての人に及べり」（『ロマ書』）と理解されている。アダムとイヴの犯した罪によって、原罪を負う人間は死ななければならない存在であるというのである。キリスト教の伝統のうちに生きた人々にとって、死は罪ゆえにうけるものである。このキリスト教的な死の理解は、一般の日本人の容易に理解しうるところでないが、また、キリスト教的な装いをとり去っても、死を、極刑をうける恐怖に相当する恐怖の心をもってうけとるということ自体において、一般の日本人の死の感覚とは相当のへだたりがある。

『伊勢《いせ》物語《ものがたり》』の在原《ありわらの》業平《なりひら》（八二五―八八〇）の臨終の歌、

つひにゆく 道とはかねて聞しかど きのふけふとは 思はざりしを

には、死への恐怖はない。少なくとも、恐怖という言葉によって捉えられる感情は、主流をなしていない。ここにあるものはむしろ悲しみというべき感情であり、しかも、ここには、あるあきらめの心が流れている。この歌を、契沖《けいちゅう》（一六四〇―一七〇一）や本居宣長らが、死に臨んだ時の人間のいつわりのないまことの心として引いているが、現代のわれわれにとっても十分に理解しうるもの、共感しうるものではなかろうか。また、往生を願いつつも、自分の力ではどうにもならない人間の現実を見つめる『歎異抄《たんにしょう》』の中には、

浄土へいそぎまひりたきこころのなくて、いささか所労のこともあれば、死なんずるやらんとこころぼそくおぼゆることも煩悩《ぼんのう》の所為なり。

という言葉がある。死を予想したこころを「こころぼそく」と形容するのもわれわれのものであろう。ところで、これらの伝統をうけて、宣長は、死を「悲しむほかなき」ものと捉えた。

彼にとって、人は死ねば、貴きも賤しきも、善人もまた悪人も、みな、黄泉《よみ》の国に行かなければならなかった。しかも黄泉の国はきたないところであった。だから死は、彼にとって、悲しむよりほかなきものであった。彼は、儒仏が死の不安からの救済として説くさまざまな教えを、さかしらによる作りごとと排して、黄泉の国に行くということこそ真実であるとして、これを悲しむことこそ人間の偽りのないまことの心であるとした。宣長は、死に倫理的問題や、そこからの救済の問題をからませることなく、死自体に面した。そしてこれを悲しむよりほかなきものと捉えたのである。これらの把握は、議論理屈を排して、生まれたままの真心《まごころ》を求めた宣長によってはじめて打ち出されたものであり、それだけ日本人の心の底辺に流れるものを、よりはっきりと取り出したものといえよう。

このように見てくると、日本人の死への感情は、おそれであるよりも悲しみである。だが、死を悲しいことと受けとった日本人は、そもそも死をいかなることとして理解していたのであろうか。日本人の死への感情を悲しみをもって代表させることが許されるとしても、悲しむという感情の質が問われなければならない。また、その感情の中に働く死の理解が問われなければならない。おそれと区別して悲しみをもって、日本人の死への感情を代表させる意味も、その時、はじめて明らかになるであろう。

死のやすらぎ

ここでまず思い出されるのは、日本人には「死への親愛」、さらにいえば「死の衝動」すらあるのではないかという高橋義孝の理解である（「死と日本人」）。高橋は『平家物語』をとり上げて、『平家物語』においては一体いくたび死が描かれているであろうか、しかも好んで描かれていることであろうか。『平家物語』の中に出てくる人々は、ほとんどが痛快に、さっぱりとさらりと死の手にわが身を引き渡す。彼らは死の国の人々であった、という。そして、今日のわれわれの短調好みや、七五調のリズムへの根強い愛着もこれに通じるものがあるという。私にとって、この指摘は大変興味ぶかいものである。しかし、説明が感覚的にすぎる。論者のいうところが分かるといえばわかり、分からないといえばわからない。それに、いかにたとえ「死への親愛」をもとうとも、日本人もまた生の終焉、生と死との断絶をそれなりに考えてきた。だから「親愛」のみによって捉えることはできない。

ところで、論者が死への親愛・衝動と捉えた日本人の死生観は、日本人が死にあるやすらぎを見ていたことを指すものとすれば、理解はより容易になる。

『万葉集』に、

なかなかに　死なば安けむ　君が目を見ず久《ひさ》ならば　すべなかるべし

という歌がある。これは大伴《おおとも》家持《のやかもち》に贈られた恋の歌であるが、いっそ死んでしまったら楽になるであろうというものである。死は、恋いこがれる切なさから、娘を解放するものである。

かくばかり 恋ひつつあらずば 高山の 岩根し枕《ま》きて死なましものを

これは、皇后が仁徳天皇を恋いこがれて歌われたものであるが、これも恋の切なさに、死んでしまった方がよかったものをと、死の安らかさを前提にしたものである。

恋の切なさからの解放だけではない。山上憶良は老いと病いとの「世間《よのなか》の憂《う》けく辛《つら》けく」あることからの解放を思って「死ななと思」うが、子らを捨てて死ぬこともできず、と歌っている。このように、万葉の歌人の心には、死のやすらぎが流れていたように思われる。私が、死のやすらぎといったのは、ほぼこのようなものである。

しかし、死にやすらぎを思う思いが日本人の心に流れてきたというためには、もう少し考えておかなくてはならない。最も重要なのは、仏教によって、地獄の思想、したがって審判の思想が日本人の心に植えつけられたであろう事実をどう見るかということである。来世の地獄の苦しみを思う時、死にやすらぎを見ることはできまい。

『往生要集《おうじょうようしゅう》』（源信《げんしん》）における地獄の描写は凄惨をきわめている。人々は死後をおそれおののかざるを得ない。『源氏物語』の柏木が、不倫の恋に苦しみ衰弱して死を前にして見たのは、底知れぬ地獄のおそろしさであったのではなかろうか。柏木は、死の床から女三の宮に文を送り、ただ「あはれ」とだけ言ってもらいたいという。「あはれ」とさえ言っていただければ、それによって心を静めて「人やりならぬ闇にまどはむ道の光にもしはべらん」(「柏木」)という。堕地獄の道をただ「あはれ」の一言を抱きしめて生きようというのである。

仏教の信仰は、また古来の魂《たま》の信仰に働きかけて、天神などの怨霊信仰を生む。現世の執念に生き修羅《しゅら》を演じた人々を描いた『太平記《たいへいき》』は、また彼らがさまざまな怨霊となって、苦患《くげん》のうちにこの世を乱さんことを謀議することを語る。そして謡曲は、この世への執心に苦しむ亡霊たちを描く。彼らの死後は決して安らかなものではない。

このように仏教は、日本人に死後の生の苦しみを考えさせることになった。死後の苦しみを考えることのなかった日本人の心を、仏教は複雑なものにした。またそれだけ豊かなものにした。しかし、それにもかかわらず、死は日本人にとって、やはりあるやすらぎを与えるものであった。その基本は変わらなかったように思われる。

すでに多くの人によって指摘されているが、阿弥陀《あみだ》仏の絶対的慈悲の教えは、あらためて、死を安らかなものとして日本人に受けとめさせるものになったように思われる。

「善人なをもて往生をとぐ、いはんや悪人をや」(『歎異抄』)という考え方は、親鸞教学においては、内面にふかい掘り下げが行なわれていたけれども、それが広く普及してゆく時に、その絶対的慈悲の救済性は、信仰あるいは念仏という枠をこえて、死によって安楽世界に入るという考え方へと日本人の心を導いたと思われる。「死の関門をくぐることによって人は穢土《えど》の穢れを去って清浄の境に入り、そこでいっさいの罪過は消滅するという幻像が念仏という前提を抜きにして拡大せられた」（小堀桂一郎「日本人の死生観」）という指摘がすでに先学によってなされている。絶対的慈悲の思想を生み、それをまたこのような仕方で消化するというのが日本人の心なのである。極楽往生の往生が、今日、死と同義語として用いられるのも、卑近な例であるが思い出される。死がただちに往生なのである。死ぬことを御陀仏《おだぶつ》になるというが、これもまた、死がすなわち成仏ということである。もちろん、仏教的な中身は失われている。しかし、死のイメージの中核におそろしさが位置する時、このような言葉の転用は生まれないであろう。

　仏教的教養のもとにありながらも、死後のある安らかさを語る文献として『平家物語』、特にその「灌頂《かんちょう》巻」をとり上げておこう。

　平家滅亡の後、建礼門院《けんれいもんいん》は、あいついで失せはてた平家一門の人々がつどう夢を見た。そこは、昔の内裏《だいり》よりはるかに勝るところであった。それは先帝をはじめ一門の人々が、各々、格別に礼儀容態を正して並みいる様であった。都をはなれてから後、建礼門院はそのようなところを見たことがなかったので、ここはどこかと聞くと、二位の尼が、龍宮城であると答えた。龍宮城と聞いて建礼門院は、「さては目出度《めでた》き所かな。この国に苦はなきやらん」と問うた。すると二位の尼が「龍畜経に見えて候。後世よくよく弔はせ給へ」と答え、その時、夢がさめたというのである。

　この『平家物語』の一節は、何を語っているのであろうか。どう理解すればよいのであろうか。

われわれはまず『平家物語』が、仏教的教養の世界で語られていることを押さえておかなくてはならない。仏教的教養のもとにおいて語られる限り、修羅の巷に死んでいった人々が、極楽浄土にすでに往生しているとは簡単にはいえない。後世が弔われる必要があるものとして描かれなければならないであろう。しかし、にもかかわらず、少なくとも建礼門院の目には、彼らのいるところは目出度いところであった。

西海に、あわれな死をとげた人々は、今、あの世で、昔の内裏よりも遥かにすばらしいところにいるのである。確かに、普通にいえば、安らかな世界にいるのである。しかし、仏教的教養は、その安らかさを全面的に認めることを許さない。戦いがすんで今は彼らの魂が安らかにあるという思いと、仏教的教養の間《はざま》に、龍宮城という設定が生まれ、龍畜経などという存在しない経の名が語られることになったのではあるまいか。菩提《ぼだい》を弔うというのも、必ずしもあの世の彼らの苦しみの仏教的な救済を意味するものではなく、彼らの魂《たま》をなぐさめ、その静まりを願う心を表現したものではなかろうか。

ともかく、この世で苦しみ抜いた彼らの魂は、死とともに、あの世で、その苦しみから解放される方向にあることは確かである。少なくとも、今生の罪によって、地獄で苛酷な呵責をうけるというのとははっきり逆方向である。

魂のゆくえ

地獄の思想は、日本人の心の襞《ひだ》を豊かにしたけれども、死にやすらぎを見る基本を変えることはなかった。近世において、広く日本人一般が儒教に関心をもつことになったけれども、儒教の理解を介して、さらにこの基本的な傾向が定着されてきた。

儒教的な死の受けとめ方を見るために、新井《あらい》白石《はくせき》（一六五七―一七二五）の『鬼神論《きしんろん》』をとり上げてみると、そこには次のような理解が示されている。

> 人死しては、其魂かならず天にかへる。その魄はかならず地に帰る。

あるいはまた、

> その魄の地に帰るが故に鬼と名づく。その魂は天にのぼりゆく。ゆくは伸《のび》るの謂なれば神と名付く。これあつまれる気、もと天地の気なる故に、散じてはまた天地にかへる。

という。魂および魄とは、人を陰陽二気よりなると見て、その形体をなす気を魄とし、その精神的活動（知覚）をなす気を魂とするのである。死によって人の魂魄《こんぱく》は天地に帰るのである。ちなみにこの理解から、怨霊のごときものは、気が天地に散じきることなく、「沈魂滞魄としてなお天地の間にあり、あるひは妖をなし怪をなす」ものとして捉えられている。このような考え方を共感をもって受けとめる時、地獄の思想は、基本的にはさらに後退していくことになる。

古代の日本人の魂《たま》の信仰を思う時、このような儒者たちの理解も、それと遠くへだたるものではない。古代人は、魂は浮遊するものであって、これが肉体に宿る時に生命《いのち》となると考えた。死は、この魂の肉体からの遊離であり、再び浮動するものとなる。盆は、この先祖の魂を迎え送る行事である。柳田国男は、その祖霊について、「一定の年月を過ぎると、祖霊は個性を棄てて融合して一体になるものと認められていたのである」(『先祖の話』)と述べている。すなわち、祖霊としての魂は、はじめ名をもち個性的な存在であったが、時をへると個性を失って、「一つの尊い霊体に、融け込んでしまう」というのである。民俗学が明らかにしつつあるこのような古来の日本人の魂信仰は、形をかえつつも、また意識をうすめつつも、儒者たちの心のうちに流れていたものと思われる。それを彼らの漢学的素養をもって言葉にする時、例えば、先にあげた白石のような捉え方となってきたのであろう。

加藤周一は、近代日本人の死に対する態度の特徴にふれた時、その一つとして、「死の哲学的なイメージは、「宇宙」のなかへ入って行き、そこにしばらくとどまり、次第に融けながら消えてゆくことである。その三段階のなかで、「とどまる」期間は人によってちがうだろう。しかし宇宙のなかへ「入る」またはそこへ「帰る」感情は、多くの日本人に共通だろうと想像される」(『日本人の死生観』下)と述べている。加藤の捉えた近代日本人の死の理解は、柳田国男の捉えた日本の民俗としての死の理解、近世の儒者の死の理解と、基本的には一つのものである。加藤の理解には魂という言葉が登場しない。しかし、「入る」「帰る」という時、それは何ものかが「入る」のであり「帰る」のであって、そこにはなお魂意識の痕跡が残されているといえよう。

加藤は、河上肇にも正宗白鳥にも、そして森鷗外・中江兆民にも、彼らの死に対する考え方の中に、この死の哲学的なイメージを指摘することができるという。私は、癌を宣告され死を見つめて生きた宗教学者岸本英夫の言葉を紹介しておきたい。

別れをつげた自分が宇宙の霊にかえって、永遠の休息に入るだけである。私にとって、個人の生命力というものは、私の死後は、大きな宇宙の生命力の中に、とけ込んでしまってゆくと考えるぐらいがせい一杯であります。それは、いいかえれば、私という個人は、死とともになくなるということであります。(『死を見つめる心』)

宇宙に帰するということは、「永遠の休息」に入ることである。

同じく、癌で逝った高見順もその「帰る旅」という詩の一節に、

この旅は
自然に帰る旅である
帰るところのある旅だから
楽しくなくてはならないのだ
もうじき土に戻れるのだ
おみやげを買わなくてもいいか
埴輪や明器のような副葬品を

大地に帰る死を悲しんではいけない
肉体とともに精神も
わが家へ帰れるのである
ともすれば悲しみがちだった精神も
おだやかに地下で眠れるのである
ときにセミの幼虫に眠りを破られても
地上のそのはかない生命を思えば許せるのである　（『死の淵《ふち》より』）

と綴っている。宇宙と大地という表現のちがいは問題にならない。死は、両氏にとって、ともに大いなるものに帰るやすらぎであったのである。

さてこのように、日本人にとって、基本的には、死は安らかな世界である。その意味である親しさすら感じられる世界である。しかし、いうまでもなく、日本人にとっても、死はやはりきわめての「大事」である。死に親近感をもちつつも、生に執着する。生との訣別としての死を、われわれもきわめて深刻な感情をもって受けとめてきたのである。

日本人が生の終焉、生との訣別を深刻な感情をもって受けとめてきたことを忘れてはならない。だがまた、もう一度考えると、生との訣別を深刻な感情をもって受けとめてはきたが、死後の世界にはある親しさをすら感じてきたのである。そしてもしこのように整理することが許されれば、生と訣別する深刻な感情も、死後の世界の親しさによって、やがて「あきらめ」られてくる可能性をもってくることになる。生と訣別する深刻な感情そのものが、やがて「あきらめ」に転ずる可能性を内包するような感情であったということになる。日本人がしばしば、死を捉えてきた悲しみという感情はそのようなものであったのではないだろうか。前章に述べたように宣長が、悲しみを悲しむことに安心があるといったのは、まさにこの事態を捉えたものではないであろうか。日本人の捉えてきた悲しむという感情には、それ自体を抜け出てゆく方向が内包されているのではあるまいか。日本人の死生観の底辺に流れる傾向を私なりにとり出してみるとこのようになる。さらに、考えなければならない問題があるが、特に信仰をもたないわれわれが、死に臨んで発狂することがないのは、このような精神的傾向のうちにわれわれがあるからではなかろうか。

一酔の夢

生との訣別を深刻に受けとめつつも、死後のやすらぎを思い、「あきらめ」に転ずると理解してきたが、ここで改めて、死に親しみをすらもつ心が、この世の生を、そもそもいかなるものと理解していたかということを考えなければならないだろう。われわれの生の受けとめ方がある性格をもつがゆえに、生との訣別を深刻に受けとめつつも死に親近感をもち、死に親近感をもちつつも生との訣別を深刻に受けとめたと思われる。「あきらめ」の構造もまた、生の受けとめ方を理解することによって、より深く理解しうるであろう。

日本人のこの世の生の理解をまず武士を対象にして考えてみよう。すでに紹介したように、高橋義孝は『平家物語』を材料にして、日本人には「死への親愛」があり、「死の衝動」すらあるといい、平家の公達たちはすでに死の国の人々であるといっていたが、このような言葉で『平家物語』を捉える正否はしばらくおくとして、少なくとも源氏を迎え撃って戦った公達の姿もまた描かれていることも確かである。そのような公達の一人に知盛《ともも り》がいる。すでに一章でふれたが、ここでもう一度ふり返ってみよう。知盛は平家が滅亡した壇ノ浦合戦において、一門がことごとく滅びたことを見届けたうえで、

見るべき程の事は見つ　いまは自害せん。

という一言を残して、自らも海に没していったという。この知盛の入水によって戦いはすべておわり、海上には平家の赤旗が波間に散り、主なき船が風のまにまに流される静けさだけが残ったと『平家物語』はいう。興味ぶかいのは知盛のこの最後の言葉である。

「見るべき程の事は見つ」とは、戦いなかばに戦線を離脱することがなかったことであり、また、生きるべき生き方を生き切ったということである。一門と共にあり、一門とともに戦い、最後まで戦い抜いたということである。しからば、一門が地上から姿を消した今、これまでの生き方を貫き、一門への忠誠に生きる道は、自害以外にはない。「見るべき程の事は見つ」が「いまは自害せん」につづくゆえんである。『平家物語』は、先に述べたように死後のある安らかさを理解している。しかし、この知盛の言葉によって描かれたものは、いたずらに安らかさを求めることなく、この世

にあっては、この世におけるあるべき生き方を生きるべきだということである。この世にあっては生きるべき生き方を生きて、それを生き切って、安らかさにつく、それが知盛によって描かれたものである。知盛の「自害せん」には浄土を欣求《ごんぐ》するこころは含まれていない。ただ生を終え、生の完結を求めるものである。

だが、さらに考えるべきことがある。一門の没落を見届けた時、知盛はそこにまた何を観たであろうか。彼はそこに、盛者必衰の理《ことわり》を、あるいはこの世に現われた者は消えていくという生者必滅の理を観たのではあるまいか。彼はこの宇宙の理をしかと観たがゆえに、「いまは自害せん」と、すっきりと宇宙に随順し死につくことを決意しえたのではあるまいか。もちろんこれは、一門とともに戦ったこれまでの生の意味を否定するものではない。彼はこの世の生の完結に満足して死についたのである。死は安らかな世界であるとともに、この世の生には、それなりの意味があり、生き方があるのである。平家の公達は安らかな死の世界を視野に入れて生きており、その意味で死の国の人々であったともいえるが、また彼らは、この世の生の意味を認める人々であったのである。この世に生き切って死につくことが、いわば、宇宙への随順であったのである。

戦国武将の生と死の捉え方も、基本的にはこれと別のものではない。彼らは「勝がなくては名がとれぬ」と戦場に名利を追求した。彼らは一瞬さきの死の危険に常にさらされていた。しかし、彼らは、次の瞬間の死を覚悟して、そのつかのまの生を名利の追求に燃焼させた。そして、運命利あらざる時はいさぎよく散った。

織田信長が出陣にあたって舞った幸若《こうわか》は、

人間五十年、下天の内をくらぶれば、夢幻《まぼろし》の如くなる、一度生を得て滅せぬ者のあるべきか。(「敦盛《あつもり》」)

であったと後世伝えられる。信長は生者必滅を知る。この世が夢幻のごとくであることを知る。しかし彼は戦《いくさ》に挑むことをやめなかった。

豊臣秀吉の辞世と伝えられるものにも、

露とおき露と消えなんわが身かな　なにわのことも夢の又夢

というものがあるが、これも、まさにこの世を去らんとする秀吉が、己れの過ぎた生涯を、露のごとき電光石火の人生と感じ、夢のごとく幻のごとくであったと捉えたものであろう。まさに死なんとする秀吉は、夢・幻から覚めんとするところに立っている。それは、安らかな世界に帰ろうとする秀吉である。しかしはたして、秀吉は、いまわの時に、自分の生涯の意味を否定したのであろうか。

北条氏政《うじまさ》・氏照は、

雨雲のおほへる月も胸の霧も　払ひにけりな　秋の月

天地の清きなかより生まれ来て　もとのすみかに帰るべらなり

という辞世の歌を残して切腹したという。彼らもまた、安らかな世界に帰るというのである。しかし、彼らは、天地の清き無から現われてきたこの世の生に、いさぎよく終止符をうって、その天地の無に帰るというのである。天地の無は、もとのすみかであって安らかである。だが、この世の生も、大いなる天地の鼓動である。その現成である。

戦国武将にとって、死がいかに安らかなものであり、この世の生がいかにはかないものであっても、彼らは、この世に生き、この世の名利を戦いのうちに追求したのである。

上杉謙信の辞世と伝えられるものに、

四十九年一酔《いっすい》の夢
一期《いちご》の栄華は
一杯の酒にしかず
柳は緑にして　花は紅《くれない》

というものがあるが、一生を一酔の夢とし、一期の栄華を一杯の酒に如《し》かざるものとしつつも、事をそのままに受けとめ、過ぎ来た生涯をそのままに受けとめ、迎えんとする死をもそのままに受けとめるものがここにはあろう。

戦国武将は死の安らかさを思っていた。高橋義孝の言葉をかりれば、この意味において、彼らも死の国の人々であった。しかし、世のはかなさを知り、一瞬さきの死を覚悟しつつも、この世の生を彼らなりに追求した。彼らはまた同時に、いわば生の国の人々であった。この世の生はそれ自体、大いなる天地（宇宙）の生であって、そこにはそれなりの絶対的な意味があった。

武士に見られた、夢幻のこの世におけるこの世なりの生の追求は、また近世の町人の生き方にも見られる。彼らのうき世（憂世・浮世）の理解においてこれを考えてみよう。

浮世

近世の浮世観を説く時に、しばしば引かれるのは、浅井了意《あさいりょうい》（一六一一―九一）の仮名草子『浮世物語《うきよものがたり》』の冒頭の一段である。そこには、まず、

万《よろず》につけて心に叶《かな》はず、ままならねばこそ浮世とは言ふめれ。

という「浮世」の理解が書かれている。だが了意は、「いやその義理ではない」とこれを否定する。まずあげた定義を否定しておいていうところは、次のようなものである。

世に住めば　なにはにつけて善悪《よしあし》を見聞く事、皆面白く、一寸先は闇なり。なんの糸瓜《へちま》の皮、思ひ置きは腹の病、当座当座にやらして、月・雪・花・紅葉にうち向ひ、歌を歌ひ、酒飲み、浮《うき》に浮いて慰み、手前の摺切《すりきり》（無一物）も苦にならず　沈み入らぬ心立《こころだて》の水に流るる瓢箪《ひょうたん》の如くなる、これを浮世と名づくるなり。

ここに説かれていることは、まず、人生は一寸先は闇であるということである。それがこの文章の大前提の理解になっている。しかし、この前提の上に、そのようなことは「なんの糸瓜の皮」と気にかけず、当座当座の面白さを追い、「浮に浮いて慰(む)」生き方、そんな生き方が浮世だという

のである。すると、先に「いやそんな義理ではない」と否定したことも、実は、この世の中の理解そのものとしては何ら否定されていないのである。問題は「万につけて心に叶はず、ままなら(ぬ)」世の中における生き方、そのような世の中のうけとめ方である。うけとめ方をも含めた世の中の具体的な把握のあり方に「浮世」はかかわるのである。

「万につけて心に叶はず、ままならぬ」ことにかかわり、「思いを置(く)」と気が沈んでくる。動きがとれなくなる。肝心なのは「沈み入らぬ心立」である。

ところで、一般的に考えて、「心に叶はず、ままならぬ」ことをつきつめれば、それは、死ななければならぬことであろう。またこの世が夢の間のごとく極めて短いということであろう。とすると、浮世というこの世の捉え方は、いわゆるこの世の無常を知りつつも、これにとらわれることなく、この世の面白さを当座当座に追って「浮に浮いて慰み」生きることである。

『浮世物語』に即して、このような生き方の内容をさらに追うとすれば、当然のことながらこの物語の主人公の生き方とその結末が手がかりとなる。主人公は名を瓢太郎《ひょうたろう》という。それは「一手先も見えぬ飛び上りの瓢金」者であるところからつけられた名である。「一手先も見えぬ」とは、少しも前途の見通しが利かないことと訳されるが、見通しが利かないというより、見通しを持たない、気にかけない意味であろう。「飛び上り」は、突飛な言動をすると訳されるが、言動が軽佻《けいちょう》で、いわゆるおっちょこちょいであろう。「瓢金」者は気軽でおどけ者である。しからば、この瓢太郎は、先のことを気にせず当座当座の面白さを「浮に浮いて慰み」、「沈み入らぬ心立」の持ち主、そのような「浮世」的生き方をした主人公の名としてふさわしいものになる。「瓢金」は、一般に剽軽と書かれるが、ここで剽を瓢とするのは、「瓢箪のごとくなる」にかけたものであろう。ところでこの瓢太郎は後に、「心も進まぬ道心を発《おこ》」すことになり、自ら「浮世坊」と名のることになる。物語は、この浮世坊を紹介して「浮世坊とて、浮に浮いて、瓢金なる法師」という。浮世坊もまたさに「浮世」的生き方を心とする坊主ということになる。

さて、この主人公は少年の頃より身持ちわがままであり、「此処彼処《ここかしこ》遊びさまよふ浮れ者」として成長する。かくて博奕《ばくち》・傾城《けいせい》狂いをして無一文となり、歩若党《かちわかとう》・浪人をへて、先にいったように浮世坊と名のる僧となる。京・大坂を見物して、ふとしたきっかけで大名の咄《はなし》の衆となる。物語五巻のうち、三・四・五の三巻が咄の衆となってからの物語である。そこでの彼は、主君に媚《こ》び諂《へつら》う当世の侍のあり方を批判したり、足ることを知れと説いたり、もっともらしい教訓をする浮世坊である。咄の衆に登用されるまでの主人公は、一寸先のことは考えず、当座当座に瓢箪のごとく沈まぬ心に生きたといえよう。だが、教訓を語る主人公に、どこに「浮世坊」といわれる面目があるのであろうか。

この点は、後でふれることにして、筋を追い物語の結末を紹介すれば、やがて浮世坊は、「仙術を行い、長生不死の法を得ばやと思ひ立」つことになる。彼は「我は蜺仙《ぜいせん》となるべし」という。

「蛇とはもぬけの事也」である。彼は蟬のもぬけのからのごときものを残して、いずこかへ抜け出してしまう。

夢にてやありけん、知らず。浮世房は行方《ゆくえ》なく失せぬ。天にや上りけん。地にや入けん。書置きける短冊あり。読みて見れば、今は我が心ぞ空《くう》に帰りける残る形は蟬の脱殻。

これで物語は終っている。これは、きわめて道家的な発想であるが、ここで注目しておきたいのは、「天にや上りけん、地にや入けん」、浮世坊は「空に帰」ったということである。この結末は、冒頭の「浮世」の理解の、したがって瓢太郎浮世坊の生き方の何らかの裏打ちになっていると考えられる。そして、まず次のようにも考えられる。万につけてままならぬ、一寸先が闇のこの世の生を、気にかけず、それはそれとしておいて「沈気《しんき》」にならず、当座当座に「浮に浮いて慰」んで生きうるのは、人には帰るところがあるからであったという理解である。帰るところは地獄ではなく、安らかと形容してよいような世界である。だが、はたしてそうであろうか。

ここで考えるべきことは、後半生の浮世坊の生き方である。水の流れに流されつつ沈み入らぬ心で生きた前半生の浮世坊と、教訓を語る浮世坊とは別人ではない。それは、水に流されるごとく、たまたま境遇が変化したにすぎない。この世は身も心もままならぬうき世であるという思いと、人はこの世を去っていずこかのやすらぎの世界へ帰るという思いは、前後を通じて変わっていないはずである。だが、後半生の浮世坊は、死後の安らかな世界を認め、またこの世がうき世であることを認めつつも教訓を語っている。教訓の内容が、いかにも浮世坊らしいという以上に、教訓を語るということは、この世を肯定しているということを示す。その意味は大きい。なぜその意味が大きいかといえば、後半生の浮世坊と同じように、前半生の浮世坊の生き方にも同じく、実は、この世の生をそれなりに肯定する姿勢があることになるからである。しかもそれが、一寸先の闇を何の糸瓜の皮と思い、沈み入らぬ心立てで当座当座の面白さに「浮に浮いて慰(む)」生き方として捉えられていることになるからである。この世をうき世として認めてはいる。しかし、うき世として否定することなく、この世をこの世なりに肯定して、その生き方を求めるものである。それは死のやすらぎに安心するところもある。安心するがゆえに「浮に浮いて慰」めればよいというところもあろう。しかしさらに、より深い層においては、死のやすらぎとともに、この世にあってはこの世ならではのものを追求しようというところがあろう。この世ならではのものを追求しようとする時には、この世の不如意性は、それを認めつつもそれにとらわれないという仕方で、超えられていなくてはならない。

後半生の浮世坊が教訓を語ったところには、浮世坊の一生が、死のある安らかさに対するこの世の不如意性、憂さをふまえつつも、なおこの世を肯定する姿勢をもつものであったことを特に示している。それは、戦国武将と同じように、浮世坊が「死の国」の住人であると同時に、「生の国」の住人であったことを示すものである。

このように、武士にあっても町人にあっても、死にある安らかさを見る傾向をもちつつも、また、そこからこの世の無常、憂さをおさえつつも、ただちにその安らかさにつくことなく、この世の生に、この世ならではの生を追求した。それは、この世にあって、この世に生きることは、この大いなる天地に、つかのまの生として現われて消えてゆく生を生きることで、それは、いわば大いなる天地への随順であったのである。

以上はおもに文学的作品を材料にして考えてきたが、同じ日本の精神的土壌から生まれた二、三の体系的な教学をとり上げて、日本人の生と死の、特に生の理解を考えてみる。

生における超越

まず道元《どうげん》であるが、彼は、

生より死にうつるとこころうるは、これあやまりなり。生はひとときのくらゐ《（位）》にて、すでにさきありのちあり。かかるがゆゑに仏法のなかには、生すなはち不生といふ。滅もひとときのくらゐにて、またさきありのちあり、これによりて滅すなはち不滅といふ。生といふときには、生よりほかにものなく、滅といふときは、滅よりほかにものなし。（『正法眼蔵《しょうぼうげんぞう》』「生死《しょうじ》」）

という。道元は、生より死への移行を考え、この生のほかに涅《ね》槃《はん》を求めることを否定する。涅槃という絶対は生死自体に求められなければならないと考える。生は生であり、死は死であり、薪《まき》と灰でいえば、薪が灰になるのではなく、薪は薪であり、灰は灰であり、それぞれ絶対なのである。だから生死のほかに絶対を求めるのでなく、生に徹する時に絶対につながるというのである。もちろ

ん、死は死において絶対である。かくて道元はまた、

　仏になるにいとやすきみちあり。もろもろの悪をつくらず、生死に著するこころなく、一切衆生のために、あはれみふかくして、かみ(上)をうやまひ、しも(下)をあはれみ、よろづをいとふことなく、ねがふことなくて、心におもふことなく、うれふることなき、これを仏となづく。またほかにたづねることなかれ。(同上)

ということになる。この世の行ないに徹すること、それが絶対への道なのである。仏教的にいえば悟りへの道なのである。

　すでに述べた『葉隠』などは、この禅的発想をうけつぐものがある。名利の眼鏡を通して捉えるこの世を幻と排して、そこに浮び上る真実の生の姿を捉え、その纔《わずか》な一生を見事に生き切ることが、「武士道と云は、死ぬ事と見付たり」で『葉隠』がいわんとするところである。見事に生き切ることは、見事に「仕舞《しまい》」うことであり、見事に「死ぬ事」であった。この世の生を見事に生き切ることを神仏もまた納受するという。この世の生を生き切ることが絶対にふれることである。

　これらの禅的な発想においては、死後の世界の安らかさなどというイメージはない。いわゆる死の問題は解消し、超えられている。生から死への移行を考える立場と、これを考えない立場との思想的相違は大きい。しかし、この世の生が、そこに生きることによって絶対にふれうるものとして捉えられている、そのような生の理解の傾向に注目しておきたい。

ところで、このような現実の生の営為を、同時に、現実を超えた形而上的世界の営為と見る考え方は、仏教者のみでなく儒者にもある。例えば、伊藤仁斎は人倫の卑近な日用常行に生きることを重んずるが、それ自体が、天地の生々の運動に参賛することであった。仁斎は、万物を生む運動としての陰陽としての天道と、仁義という人と人とがかかわりあう仕方としての人道とを区別する。陰陽をもって人道となしえないというのが、彼の一つの強調点であった。しかもなお、彼は「天人一道」という。それは、陰陽も仁義も、ともに「活物」としてのこの大いなる天地の生々化々に参賛するものであるからである。人倫における卑近な行為に生きること自体が、ただちに、永遠に生生してやまない天地と合一する営みであったのである。

仏教者と儒者を一人ずつあげてきたけれども、国学者にもそれなりの仕方における同じ構造の発想がある。すでに、本居宣長の「安心《あんじん》」論について述べたが、宣長の安心論は強いて求められた時のものであり、強いて求めないではおられない一般の人々のために説いたものであり、元来、彼にとって安心などというものはなきものであり、いらぬものであった。彼にとっては、ただ上の掟《おきて》に従って生きる以外に何もなく、安心などなきものであり、いらぬものであった。宣長において、「上」の掟とは、神の依託になるものであり、上に従うことは、すなわち神への随順であった。しからば宣長にあっても、この現実における生が、神への随順に生きることであり、現実を超えた世界に生きることであった。

ここにあげた思想家たちは、いずれも、この世の現実の生を、単に現実の生と見ることなく、同時に現実を超えた世界に生きるものと捉えている。人間は、この世の住人であると同時に、現実を超えた世界に帰属しているのである。このような思想と、死のやすらぎを思いつつも、この世ならではの生を生きようとする考え方は、思想としてはへだたりがある。しかし、この世の生の意味を認めることにおいて、また現実のこの世の生を、現実を超えた大いなる天地のうちに位置づけ、この世のつかのまの生に生きること自体を、一つの大いなる天地への随順として受けとめるということにおいて、思想家たちのそれと、一般の人々の生の受けとめ方にはつながるものがある。

ところで、ここで思い出されるのは磯部忠正の日本人の生き方についての理解である（『「無常」の構造』）。彼は、日本人の生き方は神中心でも人間中心でもなく、自然中心であるという。その自然とは、今日われわれのいう自然界の自然でも、自然科学の自然でもなく、「大いなる自然のいのちのリズム」とも「宇宙の大生命」ともいいかえてよいものである。本章では、かりに大いなる天地と捉えておいたものにあたる。磯部は、「この力は、ただ人間の生を内面から動かし、支えているだけではなく、社会や宇宙をも動かし、支えている」という。したがって、たとえば、山川草木とともに生きることは、この宇宙のいのちのリズムに感応して生きること、すなわち宇宙のリズムに従いこれに帰することである。彼は、これが日本人の生き方であるという。

この理解は、次の章でとり上げようとする「おのずから」の問題に大きくかかわるものであるが、いま注目されるのは、日本人にとって、この現実的・可視的な顕の世界に生きることは、根源的には「大いなる自然のいのちのリズム」といわれる幽の世界に生きることでもあったという理解である。ここから、「日本人は明るく、現世の生活を楽しんでいるようでありながら、その現世に対する執着や熱意は案外に淡白である。現世中心のようにみえて、じつは現世軽視である。本来の世界は「幽」だからである。表面的には楽天主義と厭世主義が同居している」という理解が引き出されてくる。日本人は現世の生においてすでに幽に生きているのであるから、幽に帰する死について案外に淡白だというのである。磯部の理解は、基本的には、ここで私が言おうとしたことをまとめたものである。

磯部が「大いなる自然の生命のリズム」という幽は、いろいろの言葉によって捉えられる。だが、顕の生に生きることが、すでに幽に生きることであるという捉え方は、さまざまな捉え方を貫いているものではあるまいか。生において絶対につながるという考え方は、一般の人々に流れた、生きるということが、大いなる天地、磯部のいう大いなる自然に生きることになるという側面を、思想的に昇華したものといえよう。ここにあげた思想家の思想は、人々のうちに流れるものをふまえて、これを自覚的に押し出したものといえよう。

不透明な生

さて、日本人にとって、形而上的な超越的なものは、現実の生を否定するものとしてあるのではなく、現実に生きる時にすでにかかわるものであった。とすれば、日本人にとって、現実の生そのものが不透明な、不思議な、さらにいえば霊異なものであるのではあるまいか。最後にこの問題にふれておこう。

鴨《かもの》長明《ちょうめい》（一一五五―一二一六?）の『方丈記』は、今なお愛読される一つの古典であるが、泡のごとくかつ消えかつ浮ぶ人間について、

不知、生れ死ぬる人、何方《いずかた》より来たりて、何方へか去る。

という。夏目漱石は『断片』に Were we born, we must die——whence we come, whither we tend? Answer! という英文を書きとめている。漱石も共感をもって『方丈記』を受けとめていたのではあるまいか。実存の内実の不透明さを端的に捉えた言葉といえよう。

実存の内実の不透明さを捉えた言葉として思い出されるのは宿世《すくせ》・宿業《すくごう》である。『源氏物語』も宿世を問題にした一つの作品である。そこに登場する人物は、みな前世から規定された己れの存在の内実としての運命をもっている。それは、すぐれた人相見には見えるが、本人にはまったく不透明なものである。光源氏の生涯もまた、生きていくことのうちに己れの宿世を見とどけてゆく生涯であったともいえよう。光源氏の雲隠れは、愛妻紫の上の死によって、今生《こんじょう》の栄華追求を見きわめ来世に生きるものであり、それは自らの宿世の見きわめによるものである。宿世には「うるわしき宿世」というプラスの宿世があり、また「宿世の罪」といわれるマイナスの宿世があった。プラスとマイナスは重なり、複雑にからみあっている。例えば光源氏にとってその栄華は、自らのプラス

の宿世の程を思わしめるものであるが、同時にマイナスの宿世を感ぜしめ罪意識におののかしめるものであった。例えば、藤壺との間の不義の子が、公には藤壺と天皇との間の皇子として即位し、そのことによって光源氏の栄華は頂上をきわめるのである。しかし、その栄華は、彼に藤壺との密通、そのようなことを犯した自らの宿世のつたなさ、罪をこのうえもなく意識させるものであった。ところで、王朝の人々は、現世と来世の二世の安穏を願っていた。彼らにとって、いわばこの二世が彼らの生涯であった。しからば、いつ、現世の生から来世の生に、すなわち出家に転ずるかということが問題であった。現世にかかわりすぎると来世がおろそかになる。しかし、現世の生も限度まで享受されなければならない。その転換は、己れの宿世の見定めによって、そのタイミングがはかられなければならない。光源氏が紫の上の死によって雲隠れを決したのは、この世における社会的な栄華の追求も、文化の享受も、自分にとってはここが限界であり打ち切りどころと感じたからであった。もちろん、また愛妻の死に出会わざるをえないような、己れの宿世のつたなさをもはっきりと見届けたからであった。しからば、

宿世のほども、みづからの心の際も残りなく見はてて、(「幻」)

光源氏はこの世をはなれたのであった。光源氏は紫の上の死より、雲隠れまでに一年の間をおいたが、それも現世志向の生から来世志向の生へとの転換をすっきりとするためであった。

紫の上の死の悲しみに耐えかねて出家するのは、否定的な形でこの世への執着を出家の生活のう

ちに持ち込むことであった。悲しみを清算することは容易になしがたいことではあったが、光源氏は、出家の生活は、純粋に来世を志向する生活でありたかった。雲隠れまでに一年間をおいたのは、形の上だけでも現世の生と来世志向の生をはっきり区切りをつけたかったからである。このように光源氏は、この世の生と来世の生とを共に重んじた。そして彼は、今が、二世を彼が望みうるもっともよりよい仕方で生きる転換の時であると考えたのである。

　このように、光源氏のこの世の生は、不透明な宿世を抱いた不安定な生であり、その宿世を見きわめつつ生きる生であった。

　存在の不透明さ不思議さ、そこからくる不安定さは、一章でとり上げた人間関係の捉え方の中にも、はっきりと示されている。例えば、父清盛の悪行のゆえに一門の公達が滅びなければならないというような『平家物語』の描いた、一門の見えない〝つながり〟としての縁のごときも、人間関係の不透明さ、不思議さを示している。

　人間の存在の不透明さ不思議さは、仏教的な説話文学に特に強く説かれている。もっとも古い説話集の『日本霊異記《にほんりょういき》』には、この不透明さが書名のごとく霊異と捉えられている。『霊異記』が説くところは、「善悪の報《むくい》」が「影の形に随《したが》ふが如く」「谷の音に応ふるが如く」、この世に働いているということである。その働き自体は形而上のものであり目に見えないが、そのような働きが人間の生を洗っているという確実な証拠が、しばしば人間の五官で捉えうる現実的な事実として示されてくる。『霊異記』は、このような確かな事実を並べあげたものである。酷使する家畜の牛が、実は前世の父であったり、母であったりする話がある。妻が実は過去の母であったという話もある。これらは皆、その父や母であった者の業《ごう》の報いによる姿である。ところで、そこから、

畜生と見ると雖《いえど》も、我が過去の父母なり。六道四生は、我が生るる家なるが故に、慈悲無《な》くある可《べ》からざるなり。

という教えが引き出されてくる。生きとし生けるものは、それを殺すことは、母を殺すことにつながるのである。大和の国に両親とともに生活していた男が、観音の告げによって、伊予に住む前世の父母に再会した話もある。かかわりのない人々も、幾世かをたどれば実は父であり母であるのである。人間社会における、また生けとし生きるものに対する慈悲が、このような不思議を基《もと》として教えられていたことが注目される。

ところでこのような見方から、現在の人間関係を捉えるところに、縁の意識が生まれる。鷲にさらわれた子と数年後、偶然に再会した父の話は「父子の深き縁」を語るものであるが、それは現在の関係そのものを不思議なものとして捉えるものである。たまたま、いま父となり、いま子としてあるものも、それぞれ輪廻《りんね》をつづけてきた主体である。それぞれが輪廻してきた主体であると見るこの人間のある主体性の理解も注目されるが、その主体と主体とが、はかりえざる因果によって、

今生において父と子としてかかわりあっているのである。それが「父子の深き縁」である。現在の父子の関係は、はかりえざる不思議さに裏打ちされているのである。現在、父であり子であること、そのことがいわば霊異なのである。

輪廻などという考え方は、あまりにも非科学的であり、今日とうてい認めることはできまい。しかし、今日、例えば親子関係を自明の事実として、親子という人間関係とはいかなる人間関係であるかという反省もなく生きつつあるわれわれを思う時、ここにはわれわれよりもより深い精神の営みが感じられる。われわれにおいても、わが子わが親を見つめ、改めて、ある人間とある人間が親子といわれて生きている事実を問う時、「縁」という言葉が新しく生き返ってくるかもしれない。

本居宣長の、

今世にある事も、今あればこそ、あやしとは思はね、つらく\思ひめぐらせば、世ノ中にあらゆる事、なに物かはあやしからざる、いひもてゆけば、あやしからぬはなきぞとよ。（『玉勝間』）

という言葉も、日本人のこの世のこのような生の理解の底辺に流れつづけてきたものを、とり出した言葉といえよう。

このように、現実のこの世の生自体が形より上（形而上《メタフイジツク》）なるものにかかわる営みであった。

そこから、この世のこの世なりの生を求めつつも、その生の終焉《しゅうえん》を、形より上なるものに帰る、あるいは帰することとして、悲しみつつも、あきらめに転じてきたのである。形より上なるものとのかかわりにおいて、「あきらめ」は可能であったのである。

この章は一般的にいえば日本人の死生観をとり上げたものであるが、死の捉え方とのかかわりで生の意味づけ・位置づけを問題にした。六章でとり上げた「あきらめ」の心性の理解を一歩深めようとしたものであり、また次の八章の「おのずから」の解明を用意するものである。

日本人の死生観に関する論稿は多いが、本章でふれた、

加藤周一ほか『日本人の死生観』上下（岩波新書）

磯部忠正『「無常」の構造——幽《かみ》の世界』（講談社現代新書）

小堀桂一郎「日本人の死生観」（『講座比較文化』7「日本人の価値観」所収、研究社）

高橋義孝「死と日本人」（『日本文化研究』3所収、新潮社）

のほか、

磯部忠正『日本人の信仰心』（講談社現代新書）

大野順一『死生観の誕生』（福武書店）

田村芳朗・源了圓編『日本における生と死の思想——日本人の精神史入門』（有斐閣選書）

日本倫理学会編『死』（以文社）

が注目される。

なお、本章でとり上げた問題、あるいは古典に関する入手容易な参考文献としては、次のようなものがある。

家永三郎『日本思想史に於ける否定の論理の発達』（新泉社）
梅原　猛『地獄の思想』（中公新書）
秋山　虔『源氏物語』（岩波新書）
西郷信綱『平家物語』（岩波新書）
和辻哲郎「沙門道元」（『和辻哲郎全集』第四巻、岩波書店）
橋本峰雄『「うき世」の思想』（講談社現代新書）
神保五彌「うき世の思想」（『講座日本思想』4「時間」所収、東京大学出版会）
柳田国男「先祖の話」（『新編柳田国男集』第五巻、筑摩書房）

八章　おのずから

行者のよからむとも、あしからむともおもはぬを、
自然とはまふすぞとき〻て候。
——親鸞

日本人の形而上にかかわる思惟の根底には、「おのずから」という理解があったように思われる。かつて九鬼周造《くきしゆうぞう》が日本文化の三つの主要な契機として自然と意気と諦念の三つをあげたが、この自然は「おのずから」であった。しかも、彼は、「自然といふおのづからな道は一方に於て生きる力の意気といふ動的な迫力と、他方に於て明かに明《あきら》める諦念といふ静的な知見とを自己の中に措定してゐるといふことができるのである」(「日本的性格」)と、自然をより根源的な契機として捉えていた。

このように、「おのずから」は、すでに、日本文化のより根源的な契機として注目されている。その後も、本章に紹介する二、三の先学によって取り上げられているが、「おのずから」は、日本人の形而上にかかわる思惟の根底にあるものとして、さらに、本格的に考察されなければならない問

題である。

おのずからと自然

九鬼が「おのずから」を自然と表記していたように、「おのずから」の問題はまた自然の問題である。しかし、このように言うと、ここでとり上げようとしている問題が、すでにしばしば「日本人の自然観」としてとり上げられてきたものであるかのような誤解をうける。ここで問題にしているのは、いわば日本人の「おのずから形而上学」であって、「日本人の自然観」そのものではない。

あえてこのように断わらなければならないのは、山川草木を意味する言葉として、日本人が、元来は「おのずから」を意味したところの「自然」を用いているからである。そのために、いわゆる自然観と「おのずから」観との混線がおきるのである。両者は、一度は、はっきりと切り離して考えられなければならない。

だが、ひるがえって考えると、山川草木を捉える言葉に「おのずから」を意味する自然を用いることになったということには、いわゆる「日本人の自然観」もまたこの「おのずから形而上学」との連関で理解されるものではなかろうかという予想を立てさせるものがある。そこで、ここでは、両者の問題をはっきり区別して、本章の問題を確認したうえで、「おのずから形而上学」の解明の一つのとりかかりとして、山川草木を「自然」と捉えることになったそのような「日本人の自然観」の質を問題にすることからはじめることにする。

「自然観」「自然環境」「自然科学」等々の自然の用法が定着したのは非常に新しく、ほぼ明治三十年代のことである。それまでは、今日われわれが自然と呼ぶものは、「天地」「万有」「森羅《しんら》万象《ばんしょう》」「造化《ぞうか》」等々の言葉で捉えられていた。これらにとって代わって、明治三十年代から、「自然」と呼ばれることになったのである。それまで自然は、ほとんど「自然の」「自然に」のように形容詞・副詞として用いられており、「おのずからの」「おのずからに」の意味をもつものであった。「おのずから」という意味をもつ自然で、客体的存在ともいうべきものを捉えることになったのは、日本思想史上の一つの出来事である。それは nature の翻訳語として自然が選ばれたということにもよるが、より根本的な問題は、「おのずから」を意味する自然をもって客体的存在を捉えることを可能ならしめた地盤としての、日本人の客体的存在の受けとめ方の伝統的な質の問題である。つまり、この出来事そのものが、伝統的な日本人の自然観の質にかかわるものとして問題にされる必要があるのである。

ところで、「おのずから」は語源的にいえば「己つから」であり、「から」は「生れつきの意」であるといわれる（『岩波古語辞典』）。すると、「おのずから」は、もともと或る主語的存在があり、その態様、その動きについて、それが他の力によることなく、その存在に内在する力によってなることを意味するものである。例えば、「天地の自然の妙用」などという用法がある。自然観に関していえば、この天地という主語的存在の様態を示す語であった自然が、主語的存在としての天地自体を意味することになったのである。問題は、このような出来事がいかにして起りえたかということにある。

この問題を解く鍵を、近世の儒者山鹿素行《やまがそこう》が与えてくれる。彼は「天地生々息《や》むことなし。たゞ自ら彊《つと》めて已《や》まざるなり」としつつ、その天地の自然の運動は、具体的には陰陽の運動として展開するとしたが、彼において、天地は元来、「形なし」のもので、すなわち無限定のものであったから、その自然の運動と、その運動のうちに生々する万物をおいて天地は捉えられないことになる。そこでそこから、天地は「自然のみ」といわれ、天地は「自然の全体」であるという捉え方が出てくることになった。ここにはすでに、自然が天地にとって代わる可能性が示されているといえよう。明治三十年代における自然という呼称の定着は、このような背景があってはじめて可能になったのである。

このように見ることが許されるならば、自然という言葉によって捉えられたものは、もろもろの物であり、その物を生々する運動であるが、さらにこの運動と物との総体としての自然には、かつて天地と捉えられていた無限定な宇宙の究極性がその背景のひろがりとして、そこに見てとられていることになる。したがって、この自然は、主観客観の対立における客体的存在ではなく、むしろ「生ける自然」「大いなる自然」という仕方において捉えられるものである。明治三十年代以降における自然は、一面において nature の訳語であろうとしつつ、他面においては、宗教的自然観などといわれる伝統的自然観を継承するものであったのである。

主語的存在が無限定であるということで思い出されるのは、和辻哲郎が、日本における究極者は不定である、否、不定そのものであるといったことである（『日本倫理思想史』）。究極的なものが不定そのものであったから、運動と、運動において生々する物に、究極性がその背景として内包されてきて、いわゆる宗教的自然観を形成するのである。究極的なるものは、万物において、その万物の背後のものとしてのみ捉えられるのである。

明治三十年代の出来事が伝統的自然観を反映するものであるとすれば、われわれの伝統的自然観は、まさに無限定的な究極的なものの「おのずから」においてあるものということになる。自然をわれわれはそのようなものとして捉えてきたことになる。

例えば、

山また山、いづれの工《たくみ》か青巌の形を削りなせる。水また水、誰《たれ》が家にか碧潭《へきたん》の色を染め出せる。（『和漢朗詠集』・謡曲『山姥』）

といわれる。この場合の「誰」は、不定そのものである。不定そのものの「おのずから」において山また水はそこにあるのである。

ところで、明治三十年代の出来事は、「〜の自然」の自然が自立して端的に「自然」といわれたことを示している。これは「〜のおのずから」の「おのずから」が、自立して端的に「おのずから」といわれることを示している。「〜の自然」「〜のおのずから」でなく、端的に「自然」「おのずから」と捉えることの可能性を示している。しかし、このように、端的に「おのずから」という時、「〜のおのずから」を内包していることは先にも述べたところである。われわれの自然の存在根拠は、無限定な究極的なもの「の、おのずから」であり、その意味をふくむ「おのずから」そのものなのである。

さらに、ここで思い出されるのは、「日本人の自然観」の代表的なものの一つとしてしばしばあげられる松尾《まつお》芭蕉《ばしょう》（一六四四―九四）のことである。彼は「造化にしたがひ造化にかへれとなり」（『笈《おい》の小文《こぶみ》』）で有名であるが、また「水の音・鳥の声、松杉のみどりもこまやかに、美景たくみを尽す。造化の功のおほひなる事、またたのしからずや」（『浄法寺《じょうぼうじ》図書《ずしょ》』）などともいう。『日本古典文学大系』の頭注は、この「造化の功」を「天地創造の神のはたらき」と訳している。比喩的な訳注といえよう。本章に即していえば、「おのずから」のおおいなるさまということになろう。ところで芭蕉はまたしばしば「静かにみれば物皆自得す」という。「おのずから」としてある物が、また「みずから」においてあるものとして捉えられているのである。

「おのずから」は、すでに述べたように「己つから」であり、辞書的には同時に「みずから」でもある。「おのずから」と「みずから」は一体的である。だが、単なる辞書的な解釈をこえて、このように「おのずから」あることは「みずから」あることである。唐木順三はかつて、このことを

「おのずからがみずからである構造」（「自然について」）と捉えていた。

「おのずから」は、無限定な究極的なるもの「の、おのずから」であるとともに、その「の、おのずから」にある物「の、みずから」でもあるのである。いわゆる宗教的自然観の自然はこのような仕方において存在するのである。そして、このような「おのずから」の意味は、自然観と離れてもいえる。端的に「おのずから」という時、それは究極的なものとのかかわりにおいて「おのずから」であるとともに、「おのずから」存在としての万物の「みずから」でもあるのである。「みずから」あることが、実は「おのずから」あることなのである。

以上は、いわゆる自然観との連関において「おのずから」を考えたものであるが、また歴史観との連関においても考えることができる。

「なる」論理

キリスト教は、宇宙は神によって創造されたものであるという。そこには「つくる」論理が働いている。しかし、これとは対照的に日本の神話は、この世界を、なりゆく世界として捉える。内在するムスビ（産霊）の霊力によって不断に内発的になりゆく世界である。キリスト教的な「つくる」論理ではない、「なる」論理がここにはある。

日本人は、歴史を「つぎつぎになりゆくいきおい」とうけとる。それは、いいかえれば、「おのずからなりゆくいきおい」である。そこには、ことの本質、あるべき秩序の観念はなく、「おのずからなる」という「自然的生成の観念」が中核となっている。

神話に即して、このように説いた丸山真男（「歴史意識の「古層」」）は、また日本の代表的な歴史書『愚管抄』についても、その歴史をふまえた歴史形成に関して、その行為の規準が明らかでないことを指摘する。すなわち、そこで説かれているのは、現代の状況、あるいは歴史に内在する勢いに即した生き方であり、現在の勢いに即した今の「おのずから」のあり方が、そのあるべきあり方とされているという。丸山真男の日本の宇宙創成論、あるいは日本の歴史観を借りる時、われわれはここにも「おのずから」の論理を見ることになる。

自然観において、「おのずから」が「みずから」であり、「みずから」が「おのずから」であったように、歴史観においても「おのずからなる」は「今からなる」であり、「今からなる」が「おのずからなる」であった。「おのずからなる」歴史観は、このように常に今を初発とする「今からの生成」という、ある意味の自由を内包するものである。九鬼も「日本の実践体験では自然と自由とが融合相即して会得される傾向がある」（「日本的性格について」）と理解していた。

五章でとり上げた、日本人の歴史意識および特にその「今」の重視は、このように改めて、「おのずから形而上学」の観点から理解する時に、より納得されるものとなる。「おのずからなる」歴史は、究極が不定そのものであるこの宇宙「の、おのずから」なる運動の顕の世界における展開であり、また「おのずからなる」は常に「今からなる」を介して展開するものなのである。

天地の心

ところで、「おのずから」という言葉が盛んに用いられはじめたのは平安末期ころからである。『今昔物語集』など以後、顕著になる。その用法をみる時、一面においては、今日いうところの自然と同じ意味に用いられているが、また時に「万一」等の意味に用いられている。「おのずから」に自然という漢字をあてると、これがジネンと訓まれる時、今日いう自然と同じ意味をもち、シゼンと訓まれる時には異常の事態・万一の意味となる。「シゼンの事」とは「万一の事」である。佐竹昭広の論文「自然の時」には、元和年間の『見聞愚案記』の「世話に、自然《じねん》と呉音に云へば自然天然の様に心得、自然《しぜん》と漢音に云へば、若《もし》の様に心得るなり」という文章が引かれている。「シゼンの事」の最たるものとして死がある。『発心集《ほっしんしゅう》』にこの用法がある。ところで、シゼンもジネンも「自然」であるが、このように意味がわかれてきた理由は、自然を人間に対置させることによって理解されるであろう。自然は、人間にとって、時にシゼンに、時にジネンに現われてくるのである。ここには、人間にとって、異常な万一の事としてうけとられる事態も、いわゆる自然な事態と究極的には別なものではないという理解が、表現されているのではあるまいか。もし、このように捉えることが許されるならば、ここにはさらに、万一の事を自然の事として捉え返すことが人間に求められていたことになる。

これは、自然から疎外された人間が、再び自然を回復する営みということもできよう（大野順一『平家物語における死と運命』）。ところで、疎外された人間が回復を求めるところには、自然とは何か、真実の自然とは何か、自然に生きるとは何かという問いが出てくるであろう。あるいはまた、いかにして自然たりうるかという問いも出てくるであろう。それは端的にいえば修行の問題であり、これらの問いに対する答えはまたさまざまであった。さまざまな思想が、その答えとして提出されてきたのである。

以下、これらの点を念頭におきながら、自然（おのずから）観において特に注目される二、三の思想家をとり上げ、彼らの理解に即して考察をすすめることにする。

自然を最もあらわに説いた思想家の一人に賀茂真淵がある。真淵が、国学者であり儒教を否定したことは周知のところであるが、彼は儒教を、「天地のこころを、しひていとちひさく、人の作れるわざ」（『国意考《こくいこう》』）という。このようなものでは世の中は治まらないという。彼によれば、天地の際に生きとし生ける物はみな虫なのであって、世の中も「天地の心のまにまに」、すなわち「天地とともに、おこなはるゝ、おのづからの事」においてのみ治まるという。政治だけでなく、一般に、「天地とともに、おこなはるる、おのづからの事」のみが「生きてはたらく」という。

真淵は、このように「天地の心」のままなる「おのずから」を強調したが、具体的には、どのように生きることであったのであろうか。

それはまず、習俗への随順として説かれた。

凡《およそ》世の中は、あら山、荒野の有か（ママ）、自《おのずか》ら道の出来るがごとく、こゝも自ら、神代の道のひろごりて、おのづから、国のつきたる道のさかえは、皇《すめらぎ》いよ〱さかえまさんものを、云々。

というように、日本の人間にとっては、日本において自生的に形成された「ところにつけたる定《さだめ》」の習俗への随順が、「おのずから」への随順であった。習俗にないことを、智をもって「別に定め」るのは、「天地にそむける」行為である。

自然について述べた時に、万物が「〜のおのずから」の物であることを述べたが、ここでは習俗が「〜のおのずから」の物であった。「おのずから」の尊重が習俗の尊重に結びつくことが注目されるが、さらに真淵にとっては、音声も、歌も、また「〜のおのずから」の物であった。音声については、

五十の声（五十音）は天地の声にて侍れば、其内にはらまるゝものゝ、おのづからのことにして侍り。

という。そして、歌のみではなく、さまざまな「風雅」も、「天地のよろづの物に文《あや》をなす」その天地のおのずからなる文であるという。しからば、歌を詠むことは、「おのずから」に生きることであり、「おのづから心を治めなぐさましむるもの」なのである。

道や歌について、このように理解した真淵はまた薬について、

此国におのづから伝りて、何のよし、何のことわりもなき薬こそ、かならず、病はいやし侍れ。たゞみづから、其事に、心を尽しえたるものこそよけれ。

という。理論によらず、ひたすら「心を尽(す)」ことによってつくられた物は「おのずから」の物であり、したがって効き目があるというのである。この主張で注目されるのは、「おのずから」が「心を尽す」ことを介在させていることである。「おのずから」であることは、「心を尽す」ことを排除するものでなく、「心を尽す」ことにおいて「おのずから」に生きることを認めるものである。思えば、歌をよむことも、ある「心を尽す」運動である。もっとも、この「心を尽す」は、いわゆる作為と区別され、規準を立て規準によって生きる姿勢を極力排除するところにある姿勢である。ひたすら純粋に内発的に生きる姿勢を意味する。それがここにおいては「おのずから」に生きる姿勢である。この姿勢は、すでに自然観・歴史観のところで指摘した、「おのずから」が「みずから」であり、また「今から」であるという思惟に通じる。

近世の儒者が、例えば山鹿素行が、自然を已《や》むをえざる誠と捉え、自然への随順を誠に生きることにおさえ、それをもって倫理の根本としたこと、またこれをうけて、明治の西田幾多郎が、『善の研究』において、最も厳粛な内的要求に生きることを善とし、それを至誠とし、またこれを宇宙の統一作用に生きる生き方としたことが思い出される。西田の統一作用は「おのずから」を彼なりに新しく捉えたものである。

「おのずから」に生きることは、「おのずから」の者として、自己の最も根源において生きることであり、それは「心を尽す」ことを求める。「おのずから」は、不定そのものである究極的なものを今に現成させることでもある。

再び真淵にかえるが、彼は、かく「天地にかなう」「天地のまにまにおこなう」生きる姿勢を「直《なおし》」という。したがって「直」は天地の「おのずから」に即する姿勢である。この「直」は、すでに三章で述べたように、清・明などとともに古代において重視された徳目であり、特に中世においては正直《せいちょく》として重視され、「正直の頭に神やどる」などと捉えられていた。しかしこれまで、この正直について的確な理解がなされていない。あるいは正直は、人に対するものとされ、あるいは神に対するものとされてきた。しかし、正直は、人に対するものでもあり、神に対するものでもあるが、より根源においては天地に対するものであったと思われる。例えば「神道五部書」の『御鎮《ごちん》座本紀《ざほんぎ》』に、

情を天地に斉《ひと》しくし、想を風雲に乗ずるは、道に従ふの本と為し、神を守るの要と為す。

とあるように、根源的には天地との一体が求められていたのであって、正直とはこの一体の心を指したものと思われる。真淵の「直」の理解は、その伝統をうけつぎこれを明確に示したものである。「直」についていささか横道にそれたが、「直」を尊重する伝統が、常に「おのずから形而上学」を背後にもっていたことについて、この機会にふれておきたかったためである。

自然の妙

真淵についで本居宣長を対象として考えることにする。宣長も前半生の歌論時代には「おのずから」を重視したが、神道を正面から問題にしはじめてから、自然の概念を思

索の中心から排除した。本章にとっては、この後半生における宣長の自然へのかかわり方が特に問題なのであるが、前半生についても一応ふれることにする。

歌論時代の宣長に、

我邦自然の歌咏なれば、自然の神道の中をはなるゝにはあらざれども、云々。(『あしわけをぶね』)

という言葉があった。この言葉について考えると、まず宣長において、和歌成立の基盤は「人情の本然」「自然の情」であり、和歌は本来、この本情をのべるものであった。しかし、あわれは言うまいとすれども「おのずから」言わるるものであり、その言葉もまた「おのずから」長く文《あや》あるものであり、その文が五七調で三十一文字《みそひともじ》となるのも、これまた「おのずから」のことで「自然の妙」であった。ところで、言葉に文をなして歌う時、聞く者がこれをあわれと感ずるのも「自然の妙」であり、人があわれと聞く時、心がはれるのも「自然の妙」であるという(『石上私淑言』)。このように、宣長にとって歌はすべて「おのずから」なものであるがゆえに「自然の歌咏」といわれたのである。基本的には真淵のそれと別のものではない。

ところで「自然の神道」という捉え方も、これまた道を「おのずからの事」と捉えた真淵の発想と別のものではなく、「天地開闢《かいびやく》神代よりある所の道」の意味である。具体的には、神代からある自生的な儀式・風俗・制度・国法を内容とする。この時の宣長においては、このように、神道も歌もともに天地の「おのずから」のものであったから、神道をより広い概念とする時、「自然の歌詠」が「自然の神道」を離れないという理解が成り立ってきたのである。以上は、この時点の宣長がまったく「おのずから」論者であったことを示しているといえよう。

ところが、この宣長が、これよりいささか後の時期に、この神道を、

> みな悉《ことごと》く実は天照大神の御心より定め玉ふもの也。

といい、

> 自然の勢と云《いう》は、みな天照大神の御心より出るなり。(『舜庵随筆』)

ということになる。注目されることは、「自然の神道」の形成に、天照大神なる神格の介在を認めはじめていることである。この時、彼は「自然の神道」を「自然霊妙の神道」といいかえることになる。

この宣長の議論をめぐって考えるべきことがいくつかあるが、まず、宣長においては自然性と霊妙性が内容的に矛盾するものではなかったということである。あるいは、その自然は元来霊妙性を内包するものであったということである。思うに、「おのずから」なる習俗は、真淵にとっても宣長にとっても、理《ことわり》で割り切れるものではなかった。理で割り切れない習俗を、「おのずから」のものとして、随順すべき権威あるものとしてうけとる時、すでにその習俗は奇《くす》しく異《あや》しく霊妙なるものとして受けとられているといえよう。このように見てくると「自然の神道」が「自然霊妙の神

道」となったことには、彼の理解に本質的な変革があったことにはならない。自然性にすでにあった神秘性を正面にあらわに押し出したものにすぎないことになる。ところで、自然が元来それ自体において霊妙なものであるということは、単に宣長の自然がそのようなものであったというにとどまらず、「おのずから」ということが本来神秘性をもつものであることをわれわれに気づかせるものがあるように思われる。「おのずから」なるものとしての山川草木が、宗教性をもって受けとめられてきたこと自体がこれを端的に示しているように思われる。

自然と霊妙との重なりについてはこのように理解するとしても、天照大神が創り成す主体であり、道が、この主体の始源的な意志によって作為されたものであるとすれば、この発想は自然を尊重する思惟とは別のものであろう。少なくとも一応そのように考えられる。

事実、宣長は後半生において、先にも述べたようにさらに自然概念を排除して、たとえば、わが神道には「自然を尊むとまを《(申)》すこと候はず」といい、「世中は、何ごとも皆神のしわざに候」(『鈴屋答問録』)として、また「自然霊妙な神道」ともいわず、端的に「霊妙な神道」とのみ言うにいたるのである。これをもって見るに、「おのずから」を尊重する思惟と神道を神のしわざとする思惟とは所詮両立しがたいもののように思われてくる。

しかし、この時点において、宣長は少なくとも明らかに「自然霊妙な神道」といっているのである。これにはそれなりの思想的裏づけがなければなるまい。さらに宣長は、自然という概念を排除した後においても、必ずしも「おのずから」という思惟を否定するものではなかったと思われる。この点について、しばらく考えることにする。

さて、真淵が「おのずから」を強調した時、老子に対する思想的親近感を表明していた。「おのずから」「自然」は老荘を連想させる概念であった。宣長が自然を排除しはじめた時にも、自然は老荘の概念として捉えられて排除されている。彼の排除した老荘の自然とは、彼によれば「なお聖人の意のおのづからなるにこそあれ」(『直毘霊』)であり、さらにまた「実は儒よりも甚しく誣《しい》たる物」(『鈴屋答問録』)であった。具体的には「古《いにし》への自然をしひる」ものとして、「返りて自然にそむける強《しい》ごと」(同上)であった。すなわち、老荘の自然尊重は、宣長にとっては、儒教的な、否、儒教よりさらなるさかしらによって立てられた理屈であり、その理屈を強いるものであった。

老荘の自然をこのようなものとして理解しはじめた時、宣長は、自らの思想との違和を感じ、自然という概念を排除するに至ったのである。もしこのように理解することが許されるとすれば、自然という概念の排除は、彼がかつて「自然の神道」などという仕方で捉えていたものの抜本的な変革を意味するものではない。変わったのはより多く概念の問題であったということになる。

彼が、老荘の自然を排する時に、「老子の自然とまをすは、真の自然には候はず」(『鈴屋答問録』)と、特に「真の自然」ではないというところにも、彼がなお、何らかの「おのずから」という発想を許容するものを残していることが知られる。彼は「おのずから」的思惟を許容するものを残しつつも、「古への自然」を強いるという、老荘的内容がしのびこむ自然という概念をもって考えることを排するに至ったのである。

彼は自らは「おのずから」的思惟を残しつつも、なお自然という概念を立てる時には、これが理屈となり、道理をもって割り切る姿勢となることを基本的に避けたというべきであろう。彼の用いた自然は、すでに指摘したごとく霊異性につながるものであって、人間のさかしらを超えたものである。人間的な強《し》い事としての道理であってはならなかったのである。

神と自然との宣長における併存の仕方は、『古事記伝』執筆後に書かれた『真暦考《しんれきこう》』に出てくる「自然の神作」という捉え方をめぐって理解される。これは後期における自然のまれな用例の一つである。しかしなお宣長の言葉である。

『真暦考』において、日本の神代の暦は、「天地の間の物のうへを見聞き」て、その「物によりて」、イザナギ・イザナミが作られたものであって、それは一面においては「神のなしおき給へること」ではあるが、同時に「天地のおのづからの暦」であるとされる。ここには天地のおのずからと神の所為《しわざ》とが奇妙に重なっている。「自然の神作」はこのような議論の中に出てくる。すなわち、真暦は神作である。しかしそれは「自然の」と形容しうるものである。いかにしてかかる形容が許されるかといえば、神が、天地に面して、それに即して、天地の内的必然を展開したものが真暦だからである。天地の自然は神のしわざを通路として展開されるのである。神は始源的創造者ではなく、神は天地とともにムスビによって成れるものであり、神は背後に天地をもちその必然に生きるものなのである。天地のおのずからの生々を、神のしわざとして捉えたものともいえよう。自然は霊妙なものであったから、基本的な理解を変革することなく、これを神のしわざと捉えかえすことも起りうるのである。むしろ、このような神観念のもとにおいては、道を神のしわざと捉えることの方が、神道の霊妙性はもとより、彼が元来考えていた神道の自然性をより的確に捉えるものとなる。なお、先に引いた神のしわざをこそ自然というのだという彼の発言も、彼の神観念をこのようにおさえる時にはじめて理解されてくる。このように理解することが許されれば、「自然霊妙の神道」という理解は十分に成り立つし、世の中のことはすべて神のしわざであるとする時においても、彼の「おのずから」的世界観は基本的には何ら変革されたわけではないことになる。もちろん、神のしわざを導入し、神を正面に押し出したことは、注目されるが、今は、それをも「おのずから形而上学」の一つのありようと押さえることができよう。さらにまた、「おのずから形而上学」のもとにおける神、さらには仏の性格の理解への手がかりとすることもできよう。

自然と作為

ところで宣長は、歌の根本に「自然の情」を強調していたが、後年これが「生れつきたるままの心」「真心《まごころ》」の強調となった。「真心」はまた自然の心である。それは、

うまき物くはまほしく、よききぬきまほしく、よき家にすままほしく、たからえまほしく、人にたふとまれまほしく、いのちながからまほしくする。(『玉勝間』)

心であった。だがまた、真心については、

真心には、智なるもあり、愚なるもあり、巧なるもあり、拙きもあり、善もあり、悪きもあり、さまざまにて、天下の人ことごとく同じきものにあらざれば、神代の神たちも、善事にまれ悪事にまれ、おの〳〵その真心によりて行ひ給へるなり。（『くず花』）

といわれる。しかし彼は、

生れながらの真心なるぞ、道には有ける。（『玉勝間』）

という。真心において生きることが倫理なのである。真心においてなす時は、たとえ悪事をなしても、これはしこりとはならないのである。かくて宣長は、この文脈において、

人欲も即天理ならずや。（『直毘霊』）

ということになる。これは儒者の表現をかりたものであるが、われわれはここに「おのずから形而上学」が、宣長において人欲の肯定として現われてきたのを見る。この宣長の立場は、後の国学者富士《ふじ》谷御《たにみ》杖《つえ》（一七六八―一八二三）にうけつがれ、人欲に対する肯定的姿勢はさらに強められてくる。御杖は「神といふは、人の身内にやどりたるものを云也」とするが、この神について、

此人身中の神なに物ぞといふに、人かならず理・欲の二つありて、その欲をつかさどるをば神といひ、理をつかさどるをば、人といふ。（「神人弁」）

という。欲は卑しいものではなく、むしろ尊いもので、神道とはこの欲を実現する仕方であるとい

う。われわれの欲を押し出すところの内在する根源、それが彼においては神である。

この欲望肯定が、宣長の真心論の延長のうえに現われてきたものであるところから、これを宣長の時点にひきもどすと、欲望肯定は、自然を個人の内面において捉えたものであることになる。天地のおのずからにあるわれの、そのわれの内面のおのずからに生きるのであるから、欲望の追求は、おのずからに生きることである。「おのずから」はこのように内面のいのちとして捉えられる可能性を十分にもつものである。

宣長とほぼ同時代の思想家安藤昌益《あんどうしようえき》（一七〇三―六二）も自然を強調した一人である。その著『自然真営《しぜんしんえい》道《どう》』のごとく、彼は活真《かつしん》の自然の営みにこの宇宙を捉えた。さらに、昌益は「活動すること一般」、つまり自然の活動一般をもって宇宙を捉える方向に傾斜したと見られる（尾藤正英「安藤昌益研究の現状と展望」）。彼は自然を「ひとりする」「われとする」と訓む。そこから、「直耕」というみずからなす能動的な生産活動に人間の生き方をみた。「直耕」は活真の直耕ともいわれ、直耕に生きることは活真の自然の営みに生きることであった。

人欲を天理とするところにもすでにあらわれていたが、自然を「われとする」と捉えるところに一層明らかなように、「おのずから」は、主体的・内面的な生き方において捉えられてくる。万物が、そして人間が「おのずから」の物であるがゆえに、物が自己に徹し、「みずから」に生きることが、また「おのずから」であるのである。

ところでもう一度宣長にもどるが、彼は「自然の歌味」に、後代の人間は一種の作為を通して立ちもどることを求めた。古人の歌を学びまねて詠むところに、「自然と古人の歌に化せられて、情辞ともに自然の如くになるなり」(『あしわけをぶね』)という。この営みは、自然ではなく偽りである。しかし宣長は、「和歌のいつはりは古《いにし》へのまことをまなぶ偽なれば、いひまはせばまことに帰する也。詩のいつはりは、古のまことをまなばずして、己がいつはりを言ひだすゆへに、始終偽にして味なし」という。

この点は、宣長が歌論、特に『あしわけをぶね』の段階において苦慮した問題であって、歌は、実情をよむものであるとしつつ、いつわりかざりよき歌をよまんとするのもまた実情であると考えることになった。この偽りは、「これ偽にして偽にあらず」ともいうことになる。しかし、この偽りもまた、自己の実情に徹する営みではなく、いわばあるべき実情、あるべき自然性への偽りであるがゆえに、自己の自然性、自己の内的必然性に徹する営みとは区別して考えられなければならない。それは自然から疎外され、自然性を欠落した自己がそれをとりもどす営みであろう。ここには、自然から疎外された自己が自己をとりもどす作為が問題になっているといわざるをえない。われわれとしては、この作為を自然に吸収することなく、むしろ自然を尊重する立場における作為の位置づけをこそここに認めるべきではなかろうか。

宣長の論法によれば、この作為もまた作為でなく自然であるということになるが、その意を汲めば、作為が自立したということにはならないことになる。なおまた、宣長をはなれる時、「おのずから」につながる「みずから」ではない、純粋な作為の自立が日本の思想史において、何時どのような仕方においてありえたかという問題が出てくる。丸山真男がつとに荻生徂徠の思惟に作為の論理を指摘したことは周知のところであるが（『日本政治思想史研究』）、近時、徂徠の聖人観をとり上げ「万物を無差別に包容する老荘的自然、その自然のあり方をわがあり方とする老荘的聖人の影が揺曳しているのである」（日野龍夫「徂徠学における自然と作為」）という指摘がなされている。自然の論理から作為の論理への判然たる転換を徂徠に見出せるか否か、多くの問題が残されているというべきである。

自然法爾

さて、自然を問題にする時、親鸞《しんらん》（一一七三―一二六二）の自然法爾《じねんほうに》にふれないわけにはゆかない。『自然法爾章』に親鸞は「自然」についてまず次のようにいう。

自然《じねん》といふは、自《じ》はおのづからといふ、行者のはからいにあらず、しからしむといふことばなり。然《ねん》といふは、しからしむといふことば、行者のはからいにあらず、如来のちかひにてあるべきゆへに。

ここで問題になっているのは往生であり、往生なるものは「行者のはからい」、すなわち自力によってなるものではなく、如来によってしからしめられるものである、如来のはからいによるものであるということが述べられているのであるが、「自然」あるいは「おのずから」についていえば、そのしからしめられてある、はからわれてあるありようこそが「自然」であり「おのずから」であるというのである。

親鸞をはなれて一般的に考える場合にも、「自然」「おのずから」には、広義の何ものかがしからしめてあるありよう、はからわれてあるありようといった性格が常にひそんでいるのではなかろうか。「おのずから」が常に「〜のおのずから」をふくむものであり、「の」の主体が究極においては不定そのものに帰するとすれば、このようにいえるのではあるまいか。例えば、欲望も、これを究極的なもののしからしめるところとして捉える時、「おのずから」のものとなり、正当づけられるのではあるまいか。すでにとりあげた宣長・御杖の人欲論についていえば、少なくともこのように理解しうる。人為に対して自然という一般的用法も、自然が、人間のはからいを超えてあるありようとして捉えられていることはいうまでもない。自然は人為によってではなく、何ものかによってあるものなのである。親鸞の「自然」「おのずから」の理解は、一般的な理解にふくまれるものを尖鋭に押し出したものといえよう。

『自然法爾章』にはまた、

行者のよからむとも、あしからむともおもはぬを、自然《じねん》とはまふす（申）ぞときゝて候。

とある。如来のはからいに身をゆだねて、自力を捨てきって、他力そのものと化したありようがここでは「自然」である。先のように事態のありようが、何ものかのはからいにおいてあるありようを「自然」とする時、そのようなはからいに身をゆだねてある衆生たる人物のありようが、また自然と呼ばれてくることは容易に理解されるところである。

ところで、『自然法爾章』にはさらに、次のように書かれている。

無上仏とまふす《（申）》は、かたち《（形）》もなくまします。かたちましまさぬゆへに自然とはまふすなり。かたちましますとしめすときには、無上涅槃《ねはん》とはまふさず。かたちもましまさぬやうをしらせむとて、はじめて弥陀仏とぞきゝならひて候。みだ仏は自然のやうをしらせんれう《（料）》なり。

ここにおける「自然」の用法は、先の二つの「自然」の用法とはまったく違ったものである。少なくとも表面的にはまったく違ったものである。ここにおける「自然」は、親鸞にとっての究極的なるもの、すなわち無上仏を意味する。究極的なものが「かたちましまさぬ」ゆえに、これを「自然」というのであるという。阿弥陀仏をいうのも、この「自然」を知らせる方便《ほうべん》である。阿弥陀仏を信ずることにおいて、ただ阿弥陀仏を信ずることにおいてのみ知られてくる究極的なもの、それが「自然」と捉えられているのである。

先の二つの用法は、いずれかといえば、究極的なもののはたらきのありようであり、そのはたらきと一体化した人間のありようであったが、これは、究極的なものそのものを指す言葉である。

すでに述べたように、「自然」は二つの異なった用いられ方をされているのである。しかし、この『自然法爾章』は千字にもはるかに満たない文章であり、筆者親鸞は何らの矛盾を感じていない。

したがって親鸞は、「自然」の二つの用法、二つの意味の根底に何かつながるものを捉えていたにちがいない。親鸞理解にとってもであるが、特にこの文章を自然という概念を用いた一つの具体例としてとり上げ、これを自然の構造を理解する一つの手がかりとしようとする者にとって、二つの用法の根底におけるつながりは見落とせない。

さて、ここで問題になるのは、親鸞の究極的なものの捉え方である。無上仏といい無上涅槃といい形なしというと、あるいはそこに何か静止的なものを予想することになるかもしれない。しかし、親鸞がそこに捉えていたものはまったく逆に動的な働きを内にふくむものであったのではないだろうか。

親鸞の捉えた究極的なるものは、形のない無上仏であり、無上仏は無上涅槃である。だがこの無上涅槃について、

無上涅槃は即ちこれ無為法身《ほっしん》なり、無為法身は即ちこれ実相なり、実相は即ちこれ法性《ほっしょう》なり、法性は即ちこれ真如《しんにょ》なり、真如は即ちこれ一如なり。(『教行信証《きょうぎょうしんしょう》』証巻)

という。このように形のない無上涅槃は無為法身であり法性ともいわれる。無為法身とは法性法身と呼ばれることもある。ところで親鸞はこの法性法身との連関において次のようにいう。

しかれば仏について二種の法身まします。ひとつには法性法身とまうす。ふたつには方便法身とまうす。法性法身とまうすは、いろもなし、かたちもましまさず。しかればこころもお

よばず、ことばもたえたり。この一如よりかたちをあらはして方便法身とまうす。その御すがたに法蔵比丘《びく》となのりたまひて不可思議の四十八の大誓願をおこしあらはしたまふなり。
（『唯信鈔文意《ゆいしんしょうもんい》』）

すなわち、形のない法性法身は方便法身として姿をあらわすのである。しかも二つの法身は「異にして分つべからず、一にして同じかるべからず」（『教行信証』証巻）という関係にあるといわれる。法性法身は方便法身として姿を現わさないではいないのである。ところでさらに方便法身たる法蔵比丘は大誓願をその内的必然においてあらわし阿弥陀仏となるのである。人間は形のない法性法身を直接に捉えることはできないが、阿弥陀仏に出会い、阿弥陀仏を通して、否、阿弥陀仏を通してのみ法性法身を捉えうるのである。

親鸞の思想の構造をこのように捉えてくると、その究極的なものは、そのうちに衆生救済への働き、動きをもつものであることが理解されてくる。法蔵比丘も、法蔵比丘の誓願も、誓願の働きもその動きの延長の一環なのである。親鸞が「自然」として捉えたものは、この働きであった。正確にいえばこの根源的な働きにおいてのみ捉えられる究極的なものであったといえよう。

このように捉えることが許されれば、一方において彼が、「自然」「おのずから」を、阿弥陀如来のはからいによってある事態のあり方を意味するものとして捉えていたことは、基本的に何ら矛盾してこない。

如来のしからしめるのは、遡源すれば究極的なもののしからしめることであり、究極的なものが形なきものであるから、まさに、しからしめる働きの様態を自然とするとともに、しからしめる働きの「自然」性において究極的なものを捉えることになったといえよう。

親鸞にとってその「自然」は、常に作用性を内包しており、その信仰世界はまさにこの「自然」において貫かれているといえよう。世界は救済への働きそのものである。ただ、衆生はここから疎外されており、「自然」に即するには、ただ阿弥陀仏を信ずることにおいてのみ可能であったといえよう。しからば、『自然法爾章』はまた、

みだ仏は自然のやうをしらせむれうなり。この道理をこころえつるのちには、この自然のことは、つねにさた《(沙汰)》すべきにあらざるなり。つねに自然をさたせば、義なきを義とすといふことは、なほ義のあるになるべし。

という。ここには、宣長が依然として自然的思惟を残しつつも、自然概念を彼の思想の中核から排除して、神の霊異性をひたすら説いたことが思い出される。自然を自然として追求すると、自然は一つの悪しき観念となり、真実の自然にふれえないという発想がここにあるように思われる。自然が、神や仏を押し出し、神や仏とのかかわりにおいてのみ、真実の自然に生きうるとする、そのような発想がここにはある。親鸞において、阿弥陀仏は「かたちをあらはし」た仏であり、神話においても、神は「成りませる神」、すなわち「おのずから」「なる」神であった。この自然と形のある

神仏との関係、したがってまた神仏観の性格が、「おのずから形而上学」解明の基本的問題として一般的に問われなければなるまい。

本章は親鸞の研究を意図するものではなく、親鸞に働く自然的思惟を問題にしたものである。われわれは、自然を理解するいろいろな手がかりを親鸞から得ることができる。信ずることの難さを説く親鸞は、また、真実の自然に生きるということが、いかに容易ならぬことであるかということをわれわれに教える。自然に生きるということは本来、きわめてきびしいことなのである。

今後の課題

「おのずから」という考え方には、なお考察すべき多くの問題が残されていると思われるが、私は「おのずから」は、日本人の心のあり方の根源にかかわるものと考える。そこから、私は、「おのずから形而上学」という表現をもあえて用いたのである。そこで、最後に、一章より七章までにとり上げてきた日本人の心のさまざまなあり方を、この「おのずから」の立場から位置づけ、本書の全体をまとめておこうと思う。それは、「おのずから」という考え方を、したがってまた日本人の心を、さらに深く理解する今後の問題点を明らかにすることにもなろう。こまかくふれることは、全体を再び書き改めることになるので、重要なポイントにのみふれておく。

まず、いわゆる自然が「おのずから」のものであると同じように、日本人が重視する人倫も、われわれにとって「おのずから」のものであろう。たとえば、人倫を重視した伊藤仁斎に「道とは、

（中略）本来自有の物」（『童子問』）という理解がある。われわれが、無私無欲を標榜し、誠実を求め、情を重んずるのも、この「おのずから」への帰一随順であろう。それは本章でとり上げておいた「直《なおし》」の考察によっても理解されよう。習俗を重んじ、歌を詠むことが、「おのずから」に生きることにつながることは、本章で述べた。道理の風化も、この「おのずから形而上学」と深くつながっているであろう。「おのずから」は、不定そのものともいうべき究極的なるもの「の、おのずから」であるから、普遍的な理法・規範を客観的に追究する姿勢は容易に生まれない。生と死も、「おのずから」の動きである。七章で「大いなる天地」と捉えておいたもの、また磯部忠正が「大いなる自然のいのちのリズム」と捉えたものは、この「おのずから」であろう。したがって、「あきらめ」という安心を可能ならしめるものもまた、この「おのずから」への参入にあるであろう。

悲しみを悲しむところに安心があるというのは、悲しみを悲しむことが「おのずから」への参入であるからであろう。悲しむ主体を残した「おのずから」への参入である。

本章において、欲望の追求が「おのずから」のこととして捉えられてきたことを見たが、その挫折もまた「おのずから」のこととして受けとめられるであろう。生が「おのずから」のことであるとともに、死もまた「おのずから」のことであるのと同じ構造である。そして、ここに、欲望を肯定しながらも、欲望に対して恬淡《てんたん》である反面が理解されてくる（磯部忠正『「無常」の構造』）とともに、一般的にいって、「あきらめ」が「おのずから」との連関においてはじめて至り得るものであることをも理解しえよう。
「おのずから」は、「おのずから」のうちになる「われ」、あるいは「今」においては、「みずから」あるいは「今から」として受けとめられ、単に受身的ではない能動性をもってくる。われにおいて、今において、真実に「おのずから」に生きる生き方が求められてくる。

無限定な、不定そのものといいうるこの宇宙の「おのずからなる」運動のうちに、己れを見出して、この「おのずから」に生きようとする時、今のわれの真実のありようが問われてくる。われわれの祖先の人々の精神的な営みは、畢竟、この真実の「おのずから」を求める営みであったといえないものであろうか。

私は、現在なおこのような素描にとどまっている「おのずから」の理解をふかめ、「おのずから」をふまえる日本人の心の襞《ひだ》を、深く見つめ、そこに秘められる豊かな可能性を見出したく思っている。本書でしばしば指摘してきた普遍的な規範・理法意識の未成熟は、よるところは、人間とは何かということを客観的に追究する姿勢が確立されなかったことによるものであるが、この点については、日本人が客観的にはとり出さなかったが、生活のうちに捉えてきた人間なるものの理解を、自覚的にとり出すことが、まずわれわれの試みる道かと思われる。

日本人の心の伝統から引き出される、人間理解の根源的なものは、私には、われもひともともに「おのずから」にして「みずから」なる存在であるということである。考えるべき問題はあまりにも多いが、あるいはここから、人間としての普遍的なあり方の基本を、引き出すこともまた可能かと思われる。この伝統を、いかにより豊かに生かしうるかということが、われわれの課題であるように思われる。

一章から七章まで、日本人の心のあり方を七つの側面からとり上げてきたが、「おのずから」という考え方は、それらすべての根底に働く、いわば日本人の形而上学であると思われる。「おのずから」という観点から、七章までにとり上げた問題があらためて基礎づけられなければならない。

参考書としては、次のものがあげられる。

九鬼周造「日本的性格」(『九鬼周造全集』第三巻、岩波書店)
丸山真男「歴史意識の「古層」」(『日本の思想』6「歴史思想集」解説、筑摩書房)
『日本政治思想史研究』(東京大学出版会)
唐木順三「自然について」(『日本の心』筑摩書房)
なお唐木氏には、『無常』、『日本人の心の歴史』上下(筑摩書房)などがある。
磯部忠正『「無常」の構造』
『日本人の信仰心』(講談社現代新書)
柳父　章『翻訳の思想――「自然」とNATURE』(平凡社選書)
山本健吉『いのちとかたち』(新潮社)
日本文化会議編『自然の思想』(研究社)

東西文化比較研究セミナーの記録であり、源了圓、高階秀爾両氏らが発言している。

『講座日本思想』1「自然」（東京大学出版会）

日本人の「おのずから」思想を、さまざまな側面から考察したもので、収録されている論文は次の通りである。

益田勝実「古代人の心情」

五来　重「修験道の修行と原始回帰思想」

湯浅泰雄「密教の修行論とマンダラの心理学」

田村芳朗「日本思想史における本覚思想」

佐藤正英「親鸞における自然法爾」

日野龍夫「徂徠学における自然と作為」

桑野敬仁「国学・和歌・自然」

安丸良夫「生活思想における「自然」と「自由」」

吉田　忠「自然と科学」

金子武蔵編『自然――倫理学的考察』（以文社）

日本の自然については次の論文が収録されている。

佐藤正英「花鳥風月としての自然の成立」

野崎守英「伊藤仁斎における「自ずから」の構造」

竹内整一「日本自然主義における自然概念」

『文学』昭和四十八年六月号、特集「自然観」

佐竹昭広氏の「自然の時」などを載せる。

いわゆる「日本人の自然観」については、研究書が多いが、まとまったものとしては、

家永三郎「日本思想史に於ける宗教的自然観の展開」(『日本思想史に於ける否定の論理の発達』所収、新泉社)

大西克礼『自然感情の類型』(要書房)

などがある。

親鸞の自然法爾については、

星野元豊「『教行信証』の思想の内容」(岩波「日本思想大系」『親鸞』所収)

『親鸞と浄土』(三一書房)

吉本隆明『最後の親鸞』(春秋社)

がある。この他、本章で参考にした研究書は次の通りである。

大野順一『平家物語における死と運命』(創文社)

尾藤正英「安藤昌益研究の現状と展望」(岩波「日本思想大系」『安藤昌益・佐藤信淵』所収)

なお、本書でとり上げた問題の全体にわたる参考書としては、

津田左右吉『文学に現はれたる我が国民思想の研究』(岩波文庫、全八冊)

和辻哲郎『日本倫理思想史』上下(『和辻哲郎全集』第十二・十三巻)

がある。さらに、現時点における日本思想研究の到達点を示すものとして、

『講座日本思想』全五巻(東京大学出版会)

がある。自然（おのずから）・知性・秩序・時間・美の主題を立て、この五つの側面から、日本の思想に光をあてたものである。執筆者は、国文学・歴史学・仏教学・美術史・法学・倫理学など各分野にわたっている。

本書において細部にわたる考察は省略したので、各章のあとにあげた参考文献とともに、関心のある方は左記の拙著をみていただきたい。

『近世の儒教思想――「敬」と「誠」について』（塙書房）
　近世儒教思想史における「誠」の位置についての考察。
『誠実と日本人』（ぺりかん社）
　論文集。「「誠実」の克服を求めて」「「自然」形而上学と倫理」などをふくむ。
『武士道』（塙新書）
　武士道的精神の概説。
『武士の思想』（ぺりかん社）
　論文集。「『言志四録』と『洗心洞箚記』」「山本常朝――『葉隠』の思想」などをふくむ。
『本居宣長』（東京大学出版会）
　思想形成史的研究。宣長の思想の全体の考察。
『日本人の死生観』（ぺりかん社）
　論文集。あきらめ・覚悟と「おのずから」との連関を考察。「日本人の死生観」「『平家物語』の基調」「本居宣長のこころの構造」などをふくむ。

「人倫日常における超越――伊藤仁斎の場合」（『超越の思想』所収、東京大学出版会、近刊）
「日本人の道理観」（『講座日本思想』3「秩序」所収、東京大学出版会）

日本における道徳理論

1 明治以前の倫理思想、その一——清明心と正直——

はじめに、明治維新以前の倫理思想の基本的性格を考えることにする。

日本人の倫理思想の特色を問題にするほとんどすべての論者と同じように、私もまた記紀の清き明《あか》き心からはじめよう。清さとは底までもすいて見える清流にたとえられる透明さ、明るさとはこれまた太陽光線の下、いささかの曇りのない状態を意味する。古代の日本人は、このような透明な曇りのない心のあり方を理想とした。彼らの倫理的努力は、ひたすら、この心の理想の状態の実現にむけられていたといいえよう。

このような理想をいだいていた日本人が、やがて大陸の仏教・儒教の思想にふれることになった。大陸から渡来した思想には、道・道理のように、人間として則るべき客観的規範を説くものがふくまれていた。人との交わりの場における主観的心情の清明さを深く自覚していた日本人が、客観的規範を問題にする大陸の思想にふれた時、どのような反応を示したであろうか。

大陸の思想に対する日本人の反応として、倫理思想の場に顕著に認められるのは正直《せいちょく》の強調である。この正直は、しばしば鏡の比喩によって説明された。一点の塵もない鏡は現象をありのままにうつす、そしてそのように一点の私のない心は、今ここでいかになすべきかということを正しく把握し、またそのままに行為する心であるという。この正直が強調されたのは中世であるが、中でも北畠親房の『神皇正統記』は、これに的確な説明を与えている。「鏡は一物をたくわえず、私の心なくして万象をてらすに、是非善悪のすがたあらわれずということなし。其すがたにしたがいて感応するを徳とす。これ正直の本源なり」。あるいはまた、親房は「此ゆえに古の聖人、道は須臾もはなるべからず、はなるべきは道にあらずととけり。但其末をまなびて源をあきらめざれば、事に臨みて覚えざるあやまりあり。其源と云うは、心に一物をたくわえざるをいう。しかも虚無の中にとどまるべからず。天地あり、君臣あり、善悪の報い影ひびきのごとし。おのれが欲をすて、人を利するをさきとして、境々に対すること、鏡の物をてらすがごとく、明々としてまよわざらんをまことの正道と云うべきにや」という。これらの親房の言葉は、右の私の説明に特に新しいものを加えるものではない。しかしただ、正直が道の源であるという理解には注目すべきである。親房の立論によれば、源であるところの正直の心を確立さえすれば、是非善悪、つまりその時その所においで則るべき道は明々として明らかであるということになる。すなわち、親房は、人間の行為には則るべき須臾もはなるべからざる客観的規範としての道があることは認める。しかし、この道自体を学ぶことは末であり、要は正直の確立にあった。正直でありさえすれば、おのずから道は明らかであり、またおのずから道に則して生きることになると考えられた。親房は正直とともにさらに慈悲・決断を説いたが、慈悲・決断もまた正直であるところからおのずからおし出されるものであり、正直が依然根本であった。親房が求めた倫理的な努力は、ただ、主観的心情を純粋たらしめることであった。

中世における正直は、このように清明心の流れをついで主観的心情の純粋性を内容とするものであったが、清明心とことなるところは、正直が道・道理に対するものであったということである。くわしく考察するならば、この道・道理の性格がさらに吟味されなければならないが、ここでは割愛せざるをえない。

中世において、このように、ともかく道・道理という客観的規範の考え方が摂取された後をうけて、近世初頭には、この道・道理自体が追求されなければならない、またこの規範に則して生きるべきであるという考え方が現れてきた。しかし、この道・道理自体を追求すべきであるという思想は、内発的であるよりも、これまた大陸の思想、特に、持敬と窮理を説き、理を窮めその理に則すべくつつしみ、理と一体になることを求める朱子学の影響の下に形成されたものであったので、その窮理、いいかえれば客観的規範の思想はそのままでは近世の日本人の支持をうけいれることなく、むしろ時とともに後退することになった。次に、しばらくこの近世を概観することにする。

2　明治以前の倫理思想、その二

近世初頭においては、朱子学がよりなまな形で説かれた（林羅山）。しかし、同じく朱子学を信奉した儒者のなかにも、窮理を説かず、道理の内在を信じ、道理は己の内面から呼びさまさるべきものと理解する者もあった（山崎闇斎）。だがともかく、初期には、道・道理とともにこれを敬《つつし》むべきことを説く思想が支配的であった。

伊藤仁斎の忠信

ところが、この支配的傾向に対する批判がやがて現れてきた。その代表的な思想家は伊藤仁斎であるが、彼はまず次のようにいう。「専ラ敬ヲ持スル者ハ特ニ矜持ヲ事トシ、外面斉整ス。故ニ之ヲ見レバ則チ儼然タル儒者ナリ。然レドモ其ノ内ヲ察スレバ誠意或ハ給セズ、己ヲ守ルコト甚ダ堅ク人ヲ責ムルコト甚ダ深シ。種々ノ病痛故《ことさら》ニ在リ。其ノ弊勝ゲテ言ウ可ラズ」（『童子問』原漢文）。このように「敬」を重視する思想を批判した仁斎が、敬に代わるものとして主張した実践倫理は「忠信」であり、忠信とは他者に対して「欺カズ詐《いつわ》ラズ十分真実、堅ク執ツテ回《かわ》ラザル」（同上）ことであった。仁斎にとって、朱子学のごとく客観的規範を立てることは、自他を分裂に導くことであり、忠信は自他を合一するものであった。自他の合一を強く理想とするところから、朱子学の否定の上にこの他者に対する真実を本とする倫理観がおし出されたといえよう。

ところで、仁斎は彼のこの忠信を中心にすえる思想が、儒学史上いかに特色のあるものであり、また真理にせまるものであるかということを自負して、「後世或ハ持敬ヲ以テ宗旨ト為シ、或ハ致良知ヲ以テ宗旨トナシ、未ダ忠信ヲ以テ主トナスモノアラズ」（『語孟字義』）という。たしかに、他者に対する心情の真実を倫理の根本とする思想は、朱子学とも陽明学とも異質的なものである。朱子学は道理を説いて道理への敬《つつし》みを強調した。陽明学は是非善悪の判断力を心の本体（良知）の発現と理解していた。しかし仁斎の忠信を重視する思想は何よりもまず、他者に対する真実さを端的に強調するものであり、この他者に対する真実さという考え方自体には、客観的な規範に則するという考え方の介在する余地はない。道理を説けば、道理へのかかわり方に焦点がおかれてくるが、仁斎の立場はあくまでも人の人に対する、われの他者に対する直接的な心構え心情の問題であった。また仁斎の立場は、是非善悪を判別し、その是をとりその善に生きるという考え方でもない。陽明学的な立場も、いわば、人のかかわるのは価値であって他者ではない。仁斎はあくまでも他者に対する心情を問題にしたのである。仁斎によっておし出された思想が、中国に生れた朱子学のみならず陽明学とも質的に区別されるべきものであったことは、注目されなければならない。

仁斎と同時代の山鹿素行にも誠を重視する思想がみられる。素行は誠を「已ムヲ得ザルノ謂《いい》ナリ」（『山鹿語類』）と理解する。彼によれば内面から忍びがたく湧き出る情、それが誠であり、かかる情を尽くすことが誠を尽くすことであった。仁斎は忠信という言葉を採ったが、忠も信もまことである。つまりこの時代にまことを重視する傾向が擡頭し、それは他者に対する真実さであるとともに、内面から湧き出る忍びがたい心でもあった。時とともに、この誠を重視する思想は、思想界の支配的傾向にまでおし出されていったのであるが、その誠の内容は誠が主張されはじめたその時から、仁斎と素行によって、すでにそれぞれがその一面を強調するという仕方で基本的性格を示していた。

ところで再び仁斎にかえるが、仁斎とても忠信の教のみで十分であるとは考えなかった。忠信は教の根本であるが、だがまた「学以テ之ヲ成サザレバ、即チ善ト為スニ足ラズ」（『童子問』）という。彼にとって人倫の道は性に内在するものでなく、外にあるものであり、君臣の道・父子の道は教えられ学ばれなければならぬものであった。しかし、すでにのべたように、この学問の主張は、学問によって捉えられた外在的な道を規範としてこれに直接的に則るべく敬むことを求めるものではなかったはずである。もし、学問によって明らかになった道を敬むことを求めるのであれば、彼が否定した朱子学と何ら変るところがない。忠信を根底にすえることによって、朱子学の窮理は「学問」と単に名が呼びかえられただけでなく、その役割も質的に理解しかえられてうけつがれたはずである。しかし、学問によって知られた道をともかく人の由るべき道であると認めることと、心情における他者への真実さの意識とは容易に結びつかない。真実さをとれば、学問は所詮無意味となり、道をとれば、彼が否定した思想に組することになる。結局、仁斎はこの点を積極的に解決しえなかったのではないかと、私には思われる。

仁斎が学問と忠信との関係について、しきりにとり上げるのは、「学問トハ、此レ（真実さ）ヲ充スノミ」（同上）である。生来の真実を十分に生かすものとして学問の意義・必要性を認めようとしている。いいかえれば、仁斎は聖人の徳の形成を目指し、徳の形成には学問による人倫の道の自覚をふまえなければならないと理解したのである。徳を形成すれば、その言動は「思索ヲ待タズシテ、自ラ能ク其ノ肯綮ニ中リ」、また「利沢物に及ビ」（同上）、単に心情の真実さではなく現実的効果を常にもたらすにいたると理解したのである。だが、単にこのように理解するのみでは、〝聖人の徳〟をなす以前においては、実践的にはただ真実あるのみということになる。「学問」の必要を認めながら、学問の位置づけを十分になしえなかったというべきであろう。

志士の至誠

仁斎以後、誠を重視する思想が次第に思想界の支配的傾向となった。そして、この思想の高まりの頂点に、幕末の志士たちの至誠の倫理があらわれた。志士の遺文を読むものは、ただちに、彼らがいかに誠（至誠・赤誠・誠意）を強調したかをしるであろう。彼らはただ誠であることを自らに求めまた人に求めた。

ところで、誠はしばしば内外一致と説明される。内外一致は、内を外に一致せしめる一致と、外を内に一致せしめる一致とに敢て分けることが出来よう。もしこのように分けることが許されるならば、志士以前の誠は、どちらかといえば内を外に一致せしめる誠、つまり人前の外面を飾ることなく、心の底からというところに重心のある誠である。だが、幕末の志士の誠は、むしろ外を内に一致せしめる誠であった。ともに他者に対する真実であるが、志士の誠は、内面における純粋性の追求ではなく、国を思い、君を思い、一般に他者を思う内面の心情を徹底的に外、実践に実現するという意味における誠であった。心におもうだけでは、いかに切なるもの純粋なるものであっても、それだけでは誠ではなかった。

吉田松陰は、誠には実・一・久の三大義があるという。まず、心に実に思うところを実行にうつさなければならない。その実践はその一点に集中的であり、またその目的が達せられるまで持続的でなければならなかった。つまり、志士松陰の至誠は実践を通して実現されるものであった。志士たちの誠は、社会的な能動的な行為をおし出す徳性であった。維新の大業を支えた倫理が、この至誠の倫理であったことを忘れてはなるまい。

幕末思想界の有力な存在、水戸学においても誠は強調された。会沢安の『新論』は、人々に「その上に親しみて離るるに忍びざるの実」があるという。会沢において、誠なる忍びざる心、他者に対する真実は「上に」という方向性をもっていた。さらにいえば「報本反始」という方向性をもつものと理解されていた。したがって会沢においては、忍びざる心をその本来の方向性の反省によって規正することが必要であった。この理解は、「神州の道」と「西土の教」を結びつけ、「儒教をとりて以て之を培うに、名数節目燦然として大いに備わる」(『弘道館記述義』)とした水戸学の基本的な理解につながり、また問題としては、先にあげた仁斎における忠信と学問との関係の問題にもつながる。

つまり、誠が本来「上に」という方向性をもつとか、あるいは「報本反始」という構造をもつとか、誠の方向性構造性を明らかにすることが「学問」であると、「学問」を位置づけるとすれば、この限りにおいて、「学問」がたしかに誠を規正し、その真実を十分真実ならしめる役割をはたしてくる。この意味において水戸学、特に『新論』は、誠を重視する立場における「学問」のとり上げ方の可能な一つの道を暗示するように思われる。

しかし、水戸学は、誠の倫理の弱点をもあらわに示している。例えば水戸学で強調する「忠孝一本」(『弘道館記述義』)観である。水戸学において「忠孝一本」である理由は、「誠を尽くす」ことにおいて、忠も孝も一つであるというにある。儒教においては、元来、君臣有義・父子有親と、それぞれの人倫にそれぞれの人倫の道があることが説かれていた。人倫あるいは人倫の道への学問的反省が生かされてくれば、人倫の道の異質性に対する積極的な理解があらわれる可能性をもっている。ところが水戸学は、他にさまざまな思想上の理由があるにしても、忠孝一本をかかげ、敢ていえば、忠孝一本をかかげるにとどまった。この〝一本〟の論理は、所詮いかなる場においても誠でありさえすればよいという考え方である。仁斎の場合にも、「学問」の必要をみとめながら、現実的には、ただ真実に生きる外はないという考えに帰結していた。誠を重視する立場は、「学問」とのつながりを確立しない限り、自ら否定する誠でありさえすればよいという姿勢に陥ると思われる。近世の誠の倫理の性格の一面を水戸学の忠孝一本論は端的に示しているといえよう。ともかく、〝誠と学問〟の問題は近世において十分な解答が与えられなかった。問題は当然、次の時代、明治にのこされたのである。

後論との関係で、近世についてつけ加えておきたいことがある。一般に、近世の儒教思想の推移について、朱子学から陽明学へという理解があるが、すでに考察したところで明らかなように、私はこの理解をとらない。私は、近世の儒教思想を、誠を重視する思想の擡頭においてみるのであって、誠を重視する思想と良知を説く陽明学とを区別して考える。陽明学においても、その良知は一面において「忍びざる心」として働く面をもつのであるが、すでに述べたように、同時に、良知は是非善悪の判断力として働く面をももっている。したがって、いわば、良知における後者の側面が陽明学から脱落したのが誠を重視する思想であり、近世を貫き、時とともに支配的になったのはこの誠である。朱子学が支配した後をうけて、誠が擡頭したことと陽明学への関心が高まったことは方向において別のものではなく、陽明学が誠の思想の擡頭をさそったことも十分考えられるが、ともかく、良知と誠とは別のものである。

近世をめぐる叙述が長くなった。しかし、これらの考察によって、明治以前の日本人には、清明心から正直へ、正直から誠へという一つの流れがあったことが理解し得たであろう。また、清明心・正直・誠を貫いて流れたものが主観的心情の純粋性の追求であったことも理解し得たであろう。だがまた、この主観的心情の純粋性のとり上げ方が時とともに変化して来たことも知りえたであろう。特に正直が道・道理に対するものであったこと、誠が学問とともに説かれていたことは注目されなければならない。幕末の志士の倫理思想の背後には、このような長い歴史があった。そして志士たちの倫理思想は明治に持ち込まれた。この百年、われわれの先学が、この伝統をいかにうけつぎ、いかに対決したか、それが次の問題である。

3　西田幾多郎の道徳理論

明治維新以後の日本人の道徳理論として、ここにどうしてもとり上げなければならないのは西田幾多郎と和辻哲郎との業績である。西田についてはいわゆる西田哲学の方向を決定した『善の研究』にふれ、のこりを和辻の『倫理学』の考察にあてたく思う。

明治維新以後のすべての日本人がそうであったように、西田も和辻も、西洋の思想——西洋の哲学・倫理学の洗礼をうけた。しかし彼らは単なる西洋思想の移植者であるにとどまらず、西洋思想の洗礼をうけつつなお一方に伝統をふまえつつ思索した、独創的な哲学・倫理学の形成者であった。

西田・和辻以外になお見るべき者があるとしても、この二人が、明治以後の日本における数少ない独創的な思想家であるという評価は、今日ほぼ定まりつつあるように思われる。

まず西田からはじめる。

西田哲学が禅とのつながりをもつことはすでに周知のところであるが、また竹内良知氏は近著において「彼（西田）がグリーンの自己実現説に強い関心をいだきながら、それにあきたらず、禅に赴いたことは、西田の哲学にたいする関心が儒教的教養、とりわけ陽明学の教養に支えられていたことをしめしているのである」（『西田幾多郎』）と陽明学とのつながりを指摘した。西田哲学の禅あるいは陽明学（特にその知行合一説）とのつながりの指摘は、それなりに正当なものであろう。私としても、これらの指摘を否定するものではない。ただここではあらためて、先に考察した維新以前の日本人の倫理思想と西田哲学（特に『善の研究』第三編「善」）とのかかわりを明らかにすべくつとめてみる。かかる試みによってはじめて、西田哲学の日本倫理思想史における位置、あるいはわれわれ現代の日本人にとっての西田哲学の意味もまた明らかになるように思われる。

西田は善についての従来の倫理学の諸説をまず批判した。西田が批判の第一にとりあげたのは直覚説であるが、彼によれば直覚説とは「行為を律すべき道徳の法則は直覚的に明なる者」「所謂良心なる者があつて恰も眼が物の美醜を判ずるが如く、直に行為の善悪を判ずることができる」とする学説であった。直覚説にもさまざまあり「凡ての行為の善悪が、個々の場合に於て直覚的に明であるというのと、個々の道徳的判断を総括する根本的道徳法が直覚的に明瞭であるというのと二つあるが」、「孰にしても或直接自明なる行為の法則があるというのが直覚説の生命で」あった。ところが西田は、「我々の道徳的判断において、一も直覚論者のいう如き自明の原則をもっておらぬ」と批判する。われわれはまず、西田が、このように客観的普遍的規範の理解を拒否していたことを知るべきである。この姿勢が伝統のそれにつながることはいうまでもない。

西田はさらに他律的倫理学を否定し、次いで形式的理性をもととする合理説、あるいは快楽説を否定する。かくてかかる批判の後に彼が自説としておし出したものは、善をわれわれの内面的要求の実現にみる「活動説」と命名される立場であった。

われわれの内面的要求なるものにはさまざまあるが、西田のいう内面的要求とはまず「もっとも厳粛なる内面の要求」である。さらにもっとも厳粛なる要求とは、さまざまな内面的要求が調和統一されたところの要求である。さまざまな内面的要求の統一力を彼は人格とみる。したがって、「もっとも厳粛な内面的要求」とは、一人格としての内面からの必然的要求である。一人格の人格としての内面的必然的要求からの行為、それが善であるというのである。それはもはや、単なる理性の要求でも、欲望・無意識衝動のそれでもない。

ところで西田は、この人格の内面的必然的な――もっとも厳粛なる内面からの――真に精神全体の最深の要求を「至誠」と捉える。善行為をその動機の側面から捉えるとき「至誠とは善行に欠くべからざる要件」であった。

至誠。これは近世の日本人が愛用した概念であった。彼らも、そして今、西田も、この至誠を善行為の根本にすえたのである。(1) 近世の日本人と西田には何ら変るところがないというのではないが、近世の日本人が、誠を已むを得ざるもの　忍びざるものと捉えていたこと、特に山鹿素行が、さまざまな（食欲・色欲などをふくめ）不得已ものの中に、さらに真に不得已もの（忠孝）を問題にしていたことを思うと、近世の誠と西田の誠にあるつながりを認めざるを得ない。しかも誠を根底にすえた西田は、また善悪の客観的普遍的規準を認めなかった西田でもある。この点においても両者の親近性を認めなければならない。私は先に、良知を中心にすえる陽明学と誠を重視する思想との異質性を指摘して、いわば陽明学よりその知的な側面が脱落したところに誠の倫理があるとのべておいたが、誠を説き、善悪を判別するいかなる意味での原則をも否定した西田は、本論の視点からいえば、陽明学にではなく、誠の伝統につながるものといわざるを得ない。禅や陽明学は本来、日本の思想ではなく、むしろ中国の思想である。誠の論理とのつながりをみることにおいてのみはじめて、西田哲学を日本の思想史・精神史に位置づけて理解することが可能になるのであろう。

勿論西田は単なる伝統の継承者ではなく、伝統をふまえつつ、伝統と対決するところに西田哲学は生れた。特に、西洋の近代思想にふれた西田にとって、その自我の思想を彼の思索の中にいかに生かすかということは、彼の関心の一つの焦点であった。

さて、西田において誠は、すでに述べたように、内面から直接的に湧き出るものではなかった。それは「心の奥底より現れ来って徐〻に全心を包括」するという仕方で、あるいは「自己の知を尽し情を尽した上に於て始めて」現れてくるものであった。さらにその「人格」は「意識の統一力」であり、さまざまに分化分裂した意識の統一として形成実現されるものであった。すると、西田において誠の実現と人格の形成は別のものではなかった。むしろそれは一つの事の二つの捉え方であった。あるいは、両者は、すでにのべたごとく、統一的人格の形成においてはじめて誠たりうるという関係にあった。私は、このような仕方において西田が人格という観念を思索の中に導入したことに注目するが、〝このような仕方〟という表現において私が意味するものは、まず誠が彼において直接的に湧き出るものとして捉えられていなかったことである。幕末の志士たちの誠は具体的実践を通して実現されるものであった。直接的ではなく、自己のエネルギーを尽くした上にはじめて誠の実現をみる点において、この志士の誠は西田の誠につながる。しかし、西田において誠は、もっとも厳粛なる内面の要求であり、いいかえれば行為の動機の問題であり、実践を通して実現されるものではなく、それ自体は、あくまでも内面の問題である。ところで、内面の真実さの追求においては、一般的にいえば、儒教が支配した近世の日本人はきびしさを欠いていた。今日われわれが誠心誠意という時のように、内面の真実さは、その気になりさえすれば、容易にかくありうるものの感があった。例えば仁斎の忠信もそうである。もっとも、仁斎においても真の真実は学問によって達せらるべき理想ではあったが、彼が忠信を求める時、それは心懸け一つで忠信でありうるものであった。性善説が根底にあった。

西田の禅に対する強い関心がここに思い出されてくる。彼がただ観念的にではなく宗教的な関心をもって、きびしい打坐の行をつんだことは周知のところである。彼はさまざまに分裂した妄念をたち切り「真正の己」を求めて打坐した。西田の人格は体験的にはその打坐の中に彼の知・情を尽くし切った上にはじめて捉えられたものであり、その至誠もこの「真正の己」の実現とともに生まれるものであった。今、近世の誠の倫理と連関づけていえば、西田はその真実性の追求における安易さを克服し、ここに仏教にみられた真実追求のきびしさを導入し、その至誠心形成に人格の実現を捉えたのであった。近世の誠の倫理が欠く真実追求のきびしさの導入が、西田においては、同時に、近世の誠の倫理が欠く人格の自覚として現われたのであった。

さて、西田において、人格はまた「直に宇宙統一力の発動」であった。人格の統一力は、矛盾・統一の二つの契機をもち小より大に浅より深へとすすむ宇宙の統一力の現れであった。しからば、人格形成としての自己実現は、宇宙の統一力の観点から捉える時、客観的世界との合一、すなわち主客の合一、「主客相没し物我相忘れ、天地唯一の実在の活動あるのみ」となることを志向するものであった。しからば、人格の内面的必然的要求＝至誠は、自己表現の要求でありつつ、またそのことがただちに他者との合一＝愛であった。西田において他者は人であるのみならず物でもあったが、人間関係に限る時、「我々が内に自己を鍛錬して自己の真体に達すると共に、外自ら人類一味の愛を生じて最上の善目的に合う様になる」とか「自分の人格が偉大となるに従って、自己の要求が社会的となる」といわれることになる。近世の誠の倫理が自他の合一を志向するものであったことはいうまでもない。

本論における西田のとり上げ方は、いささか近世の誠の倫理とのつながりにとらわれているという批判があるかもしれない。私としてはこの批判に対しては、先にあげた竹内良知氏の言葉をかりて〝彼がグリーンの自己実現説に強い関心をいだきながら、それにあきたらず、禅に赴いたことは、西田の哲学にたいする関心が儒教的教養に支えられていたことをしめしている〟と答えよう。竹内氏とことなり、私は、西田がその内に生きていた精神的風土の底辺にあったものを誠の倫理と理解する。本論における西田の考察は、まさにこのことの指摘を一面において意図するものであり、他面において西田が、その根底にふまえるものにいかに対決したかを明らかにすることを意図したものである。西洋哲学と西田・禅と西田・陽明学と西田はそれぞれの視点から考察されなければならないことはいうまでもない。

以上考察した限りにおいての西田の、われわれにとっての意味は、伝統に対決する思索に自我の思想をいかに位置づけるかという問題をわれわれに提出したことであり、また、その一つの解答をわれわれにのこしたことである。

4　和辻哲郎の道徳理論

西田は自我を追求したが、西欧近代の絶対的個人の意識は拒否した。たとえば次のように語っていた。「我と汝との関係について種々なる難問は内界と外界とが対立し、各自が絶対的に自己自身に固有なる内界を有つと考えるから起るのであると云うことができる。我々が厳密なる意味に於て個人的自己の意識というものから出立するならば、遂に独我論に陥るの外ない。併し個人は個人自身によつて生れるのではない。若し個人が絶対的ならば個人というものはない。個人というものが生れるには、個人が生れる地盤がなければならない」（『無の自覚的限定』所収「我と汝」）。『善の研究』にあっても個人の生れる地盤は「純粋経験」であり、それは「主客相没し物我相忘れ、天地唯一実在の活動」であった。周知のように「個人あって経験あるにあらず。経験あって個人あるのである」という主張が、西田の個人の理解を端的に示している。彼が西洋近代の個人をそのまま認めなかったことは、彼が個人を問題にしなかったことを意味しない。自我は、依然、彼が生涯を通して追求した問題であり、彼は彼なりに、伝統をふまえつつ、伝統との対決の中に自我を追求したのであった。ところで和辻も西田と同じように絶対的孤立的個人観を拒否した。『倫理学』の序には次のように書かれている。「倫理学を〝人間〟の学として規定しようとする試みの第一の意義は、倫理を単に個人意識の問題とする近世の誤謬から脱却することである。この誤謬は近世の個人主義的人間観に基づいている。個人の把握はそれ自身としては近代精神の功績であり、また我々が忘れ去ってはならない重大な意義を帯びるのであるが、しかし個人主義は、人間存在の一つの契機に過ぎない個人を取って人間全体に代らせようとした。この抽象性があらゆる誤謬のもととなるのである。近代哲学の出発点たる孤立的自我の立場もまさにその一つの例にほかならない」。西田哲学の「純粋経験」に対応するのは、和辻倫理学においては「人間存在」であった。純粋経験は物我相忘れる世界であり人間存在が人と人との間ではあるが、個がそこから現われる或者を根源的なものとして捉えるところに、両者はふかいつながりをもつ。西田と和辻との間には思想的交流があったけれども、ともかく明治以後の日本の生んだ独創的思想が共にかかる共通の思想傾向をもつことは、われわれとして大いに注目しなければならない。

ところで西田は、かかる根源的立場に立ちつつ、その中に自我の確立を求めたのであったが、和辻倫理学の主題は、そのいうところの人間存在の構造の追求にあった。

和辻にとっては、社会が先にあるのでもなく、個人が先にあるのでもなかった。いわば社会と個人とは等根源的であった。社会は個人の否定においてあり、個人は社会の否定においてあり、社会と個人とは相互の否定において社会となり個人となる。社会と個人との動的統一としての人間の存在を可能ならしめるものは、人と人との行為的連関をつらぬく否定の否定の運動、すなわち絶対的否定性に外ならなかった。人間存在の根本構造は、この絶対的否定性であり、これがとりもなおさず、また倫理の基本的原理でもあった。

人間存在の根本的構造をこのように捉えた和辻は、この根本構造を原理として、さらに人間存在のより具体的な構造を『倫理学』に展開した。それは、時間的空間的構造──→連帯性の構造──→歴史的風土的構造という段階をおって展開される。和辻倫理学の主題は、かかる人間存在の原理的構造から十分な意味での具体的構造への展開であったように思われる。和辻が、倫理学を「人間の学としての倫理学」と規定したのもまさにこの意味においてであり、それは道徳意識の学としての倫理学から区別されるものである。和辻において、道徳意識、当為の意識は人間存在の構造の個人意識への反映であり、当為の意識が成立する地盤の分析が倫理学であった。しかし、和辻の『倫理学』は、それぞれの民族がそれぞれの時代にいかなる当為の意識をもったか、つまり人間存在をいかに自覚したかということとともに、それぞれが（具体的叙述としては日本についてのみとりあげてあるが）、今、いかに当為を意識すべきかという叙述をふくんでいる。

ところで、私が本論の主題との連関において、まずとりあげたいのは、和辻が当為を問題にした時、それはかつていかに意識されたかということと、今いかに意識すべきかとの何れかであるということである。時と所とをこえた普遍的な当為は、和辻倫理学には存在しない。当為は具体的であり、具体的であるということは、和辻にとって、歴史的風土的に特殊なものであることを意味する。

勿論それは、普遍的な人間存在の真理真相の実現を目指すものではあるが、普遍的なるものは特殊的なものとして、特殊的なるものを通してのみ実現されるのである。和辻倫理学がいわゆる国民道徳論を否定しつつも、依然自ら国民道徳論の域を出ないと批判されるのも、この批判をいかに評価するかは別として、和辻倫理学が以上のような理解をふくむからである。和辻倫理学のこのような一つの帰結は、彼が倫理学を道徳意識の学とする立場を否定し、人間の学と規定したことと密接に連関するものであり、さらに言えば、深く彼が個人を根源視することを拒否したことにつながる。

さて、以上の考察からも、和辻倫理学において道徳法則的な考え方がその場をもたないことは明らかであろう。たとえば「行為の格率を単純な命題として言い現わすこと自体が、すでに行為の具体的把握を誤らしめるものである」という発言はこれを端的に示すものであろう。客観的普遍的規範の存在を認めなかった和辻倫理学は、では、〝誠と学問〟とを説いた近世の倫理思想を、基本的性格としてはそのままうけついだものであったであろうか。西田の場合と同じように、近世の倫理思想とのつながり方に焦点をおき、以下しばらく和辻倫理学の歴史的位置を考えてみる。

私がまず注目するのは、和辻が第二章第六節の表題に「信頼と真実」をかかげていることである。前節において和辻は「人間の行為」をとりあつかい、行為の仕方の基本的理解を追求して信頼と真実という概念をもち出したのである。信頼という概念の導入には、いささか唐突の感があるが、唐突であるだけそれだけ、この信頼と真実という概念は印象的である。ビォヴェザーナが和辻倫理学を論じ、「〈信頼〉や〈真実〉を強調している点にもまた東洋的背景が明らかである」(『近代日本の哲学と思想』)としているのも、この信頼と真実が外国人研究者にも和辻倫理学の日本的性格を示すものとして印象的であったからであろう。日本人の伝統的倫理観をになう概念としての誠、他者に対する真実さに注視して来た本論にとっても、また考察のよい手懸りを与えるものである。しかし、われわれがまず理解すべきことは、信頼及び真実が和辻倫理学においては心情の問題ではなかったということである。人間存在の根本構造を絶対的否定性にとらえ、さらに時間的空間的構造として捉えた和辻は、かかる根本構造においてある人と人との社会関係を「信頼関係」として捉えたのである。信頼という概念は和辻倫理学においては、社会関係のあり方を説く概念として登場したのである。信頼関係とは、対立する自他が合一への方向をもつとともに、未来の合一があらかじめすでに眼前において確実である関係として捉えられている。

ところで、人間の社会関係を信頼関係として捉えた和辻は、人間のこの真理真相は、時間的空間的な帰来の運動、つまり行為において「起こる」ものであるという。したがってそこには「起こらない」ことがあることを前提するものであり、人間の真相は行為によって起こらしめらるべきものであった。和辻のいう真実は、この起こらしめらるべき人間の真理真相である。彼の真実は、個人的心構え・個人的心情としてのまこと・まごころではない。

和辻は、彼のいう真実と日本人が重んじてきたまこと・まごころとの相違をとりあげて「ここで

（第六節）主張しようとするのは、個人の心構えとしてのまごころが、信頼関係におけるまことを個人心理的視点から見たものに過ぎぬということである」と語っている。この発言は、和辻倫理学の従来の日本人の心情論に対する位置を明らかにするものである。つまり、和辻倫理学は、彼のいわんとするものを、強引に個人的心構えとしてのみうけとればまごころ論としてうけとられてくるようなそのようなものであったということである。和辻は、伝統的なまごころ論をふまえながら、ある一つの視点に立てばまごころ論が出てくるような、そのような人間の真相自体の解明に向ったのである。勿論、かかる企ては、心情的にのみ倫理をとりあげる従来の視点をそのまま肯定的に継承することを意味するのではなく、倫理観の全体に変容をきたさないではおかない。しかしまた、和辻倫理学が、伝統をふまえつつ、そのつくりかえの中に形成されたものであることは明らかである。「信頼と真実」が理解しなおされ、和辻倫理学の重要な概念として登場していることは、この意味において象徴的である。

和辻倫理学が従来の心情的な倫理観とことなり、まこと・まごころだけで十分であるという教として現われるものでないことは、『倫理学』におけるこの後の展開、特に第三章「人倫的組織」の項をみることによって一層明らかである。

信頼関係としての人間関係の真相＝真理＝真実を起こすことが人の行為の仕方＝人間の道であるが、この人間の道の把握はより抽象的より原理的である。第三章において和辻は、この人間の道が、それぞれの人倫組織において、それぞれ特殊な形と名とをもって現われてくることを説く。人間の道は夫婦の道・親子の道・友人の道として、つまりさまざまな人倫の道として、特殊化しより具体化してあらわれてくる。この何れもが「信頼と真実」を原理とするものであるが、原理は、特殊的具体的なさまざまな人倫の道としてあらわれてくるのである。和辻倫理学の歴史的な位置づけを考える場合、この第三章は重視されなければならない。

「普遍的道徳と国民的道徳」という論文に和辻は「仏教の立場は人間の全体性に関して基督教とは全然異った見解を成立せしめる。基督教に於ては神と個人との間に人間の種々なる共同態を插むことが出来ぬが、無限なる全体性即ち〝空〟の前に一切の個人を消滅せしめた仏教に於ては、人間の共同態はそれぞれの段階に於てこの絶対的全体性を実現するところの場面である」とのべている。この文章はさまざまな内容をもつが、和辻が神の前に立つ個人ではなく、人間を具体的にはあくまでも共同態における人として捉える立場に立つことを示している。さらにこの論文には「これらの諸段階に於ける共同がすべてカントのいふ如き人間性の理念に導かれてゐることは云ふ迄もないが、かく人間性の理念がたゞ人間の共同態を通じてのみ個人の意志・行為を規定すると考へるところに、kosmo-politēs の立場をとるカントとの距りが生ずる」ともいい、道徳とは「共同態的法則を自覚的に実現すること」であるという理解もはっきり示されている。和辻倫理学において、真実を起すこととしての人間の道は、具体的には共同態的法則としての人倫の道に生きることであったのである。今ここにまこと・まごころを導入して考えれば、それは内面における無私性の追求ではなく、共同態的法則としての人倫の道に生きること＝実現すること、それがとりもなおさずまことの実現であったのである。幕末の志士において誠が行為において実現さるべきものであったことを思うと、われわれはここにもあるつながりを考えることが可能に思われてくる。だがさらに、伝統的なまことの倫理観との関係において、注目すべきことは、明らかにここに忠孝一本的考え方が克服されているということである。しかもこの克服が、近世における〝誠と学問〟との関係づけにおける曖昧さに、一つの解答を与えることによってなされたといえよう。

和辻倫理学を個人的道徳意識のあり方に還元すれば、そこには依然他者に対する真実としてのまことが強調されよう。だが、その誠は内面においてではなく、反省によって捉えられた人倫の道に則していきることの中に実現されるべきものであると考えられることになろう。誠を内面において実現されるものと考える限り、人倫の知的反省としての学問と誠とは二元的でありつづける可能性をもつ。また、志士のごとく、誠を実践の中において実現すべきものと理解しても、その実践が知的反省によって明らかとなる客観的規範に則すべきものであると捉えられない限り、両者の関係はやはり曖昧である。近世の人々が曖昧のなかに求めていたものに、和辻倫理学は一つの解答を与えたといえよう。

このようにみてくると、和辻倫理学は、カント的な道徳法則論、あるいはシェラー的な価値論にかわるものとして、「人倫の道」を、日本人の倫理思想の中に持ち込んだといえよう。人倫の道は依然原理的なものであって具体的な当為ではない。しかし客観的普遍的な行為の仕方の原理としてわれわれの前にあるものである。

和辻は倫理の根本的原理を絶対的否定性において捉えていた。しかし絶対的否定性はより具体的には人間存在の真実＝人間の道を起こすこととして、さらにより具体的には「人倫の道」に則ることとして捉えられてくる。「人倫の道」に則ることの外に「空ずる」倫理を考えたわけではない。

以上のべて来たところで明かなように、和辻はこれらの仕事を、伝統をゆたかにふまえつつ、伝統をつくりかえることによってなし遂げたのである。そのつくりかえにおいてもっとも注目すべきものは、人倫の道を客観的普遍的な行為の仕方の原理として日本人の倫理思想に導入すべくこころみたことである。なお人倫の道の学的基礎づけ、特に方法論上の問題に吟味さるべきものをのこしているが、和辻が伝統との対決の中に追求した問題、またそこに提出した一つの解答は、今日のわれわれ日本人にとってもなお傾聴に価するものがある。

われわれの真理を追求する思索は、伝統との対決のなかに行われなければならないと私は考える。伝統との対決のなかに自我を追求した西田、伝統との対決のなかに客観的倫理の確立を追求した和辻から、われわれは学ぶべき多くのものがあるように思われる。

註

（1）仏教も至誠心《しじようしん》を問題にする。西田と仏教との連関を考えなければならないことは後論にも述べる通りである。しかし、ここで西田は、あくまでも善―倫理的次元の問題として至誠にふれているのであるから、この西田の「至誠」と直接的にかかわりのあるのは近世の「至誠」である。特に本論の観点からは、このように捉えることが許されよう。

参考文献

高坂正顕『西田哲学』理想社、一九六四年

竹内良知『西田幾多郎』東京大学出版会、一九六六年

金子武蔵『和辻哲郎全集』第十一巻の「解説」、四四九頁―五〇三頁、岩波書店、一九六二年

相良　亨『近世の儒教思想――「敬」と「誠」について』塙書房、一九六六年

＊　増補新装版刊行にあたり、本論文を新たに収録した（初出：滝沢克己・小倉志祥編『岩波講座　哲学XV　宗教と道徳』岩波書店、一九六八年、所収）――〔編集部注〕

人名索引

あ 行

か 行

さ 行

た 行

書名索引

あ 行

か 行

さ 行

や　行

ら　行

著者略歴

1921年　金沢市に生まれる
1944年　東京大学文学部卒業
1971年　東京大学文学部教授
　　　　東京大学名誉教授
2000年　没

主要著書

『相良亨著作集』全6巻（ぺりかん社，1992-1996）
『近世日本における儒教運動の系譜』（弘文堂，1955〔復刊：理想社，1965〕）
『近世の儒教思想』（塙書房，1966）
『本居宣長』（東京大学出版会，1978）
『誠実と日本人』（ぺりかん社，1980〔増補版1998〕）
『日本人の死生観』（ぺりかん社，1984）
『武士の思想』（ぺりかん社，1984〔新装版2004〕）
『日本の思想』（ぺりかん社，1989）
『伊藤仁斎』（ぺりかん社，1997）

日本人の心　増補新装版

1984年11月30日　初　　版　第1刷
2009年 7 月20日　増補新装版　第1刷

〔検印廃止〕

著　者　相良《さがら》　亨《とおる》

発行所　財団法人　東京大学出版会
　　　　代 表 者　長谷川寿一
　　　　113-8654 東京都文京区本郷7-3-1 東大構内
　　　　電話 03-3811-8814　FAX 03-3812-6958
　　　　振替 00160-6-59964

印刷所　株式会社三陽社
製本所　牧製本印刷株式会社

ISBN 978-4-13-013090-5　Printed in Japan

本書はデジタル印刷機を採用しており、品質の経年変化についての充分なデータはありません。そのため高湿下で強い圧力を加えた場合など、色材の癒着・剥落・磨耗等の品質変化の可能性もあります。

日本人の心　増補新装版

2022年2月15日　　発行　③

著　者　　相良　亨
発行所　　一般財団法人　東京大学出版会
代 表 者　吉見俊哉
〒153-0041
東京都目黒区駒場4-5-29
TEL03-6407-1069　FAX03-6407-1991
URL　http://www.utp.or.jp/
印刷・製本　大日本印刷株式会社
URL　http://www.dnp.co.jp/

ISBN978-4-13-009124-4
Printed in Japan